Lilli Josefine Wettke

612

Encounters with a stranger

AF280975

Lilli J Wettke

612

Poesie

Impressum

Bibliografische Information der Deutschen Nationalbibliothek: Die Deutsche Nationalbibliothek verzeichnet diese Publikation in der Deutschen Nationalbibliografie; detaillierte bibliografische Daten sind im Internet über http://dnb.dnb.de abrufbar.

Lektorat: Isabell Wincher, Lena Parent, Alicia Lebkiri
Korrektorat: Vorname Name oder Institution
Weitere Mitwirkende: Vorname Name oder Institution

Verlag: BoD · Books on Demand GmbH, In de Tarpen 42, 22848 Norderstedt

Druck: Libri Plureos GmbH, Friedensallee 273, 22763 Hamburg

ISBN: 978-3-7597-8643-2

Inhalt

Einleitung

-16/10/2027
-Floskeln

3) L steht für Liebe

-Elemente der Liebe
-Holzpüppchen dreh dich
-Meeresphilosophie
-Ein Brief
-Denkst du noch, oder fühlst du schon?
-Verflucht

4) eloquent

-Verstehe ich das jetzt richtig?
-Optimistische Philanthropie, aber...
-Die Blindheit, sehen zu können
-Butterfly-Effekt
-Sprache ist der Spielplatz der Reichen
-Substanz
-Gedachte, unbedachte Gedanken
- Komplex

5) Beneidenswerter Fluch

-Schöne Steine
-Gefangen zwischen zwei Welten

6) Die Kunst, zwischen den Zeilen zu lesen

-Gestohlener Reichtum
-Rosen haben Dornen
-Ich weiß es nicht...
-Den Himmel färben
-Überleben und Tod
-Arrogant

7) Worte, viele davon, mein Herz, meine Seele

-Gleichbedeutende Antithesen
-Worte
-Von mir für dich

8) Was ich zurückließ

-Was einst war
-Verdurstet
-Liebe ich dich

Für die,
die wachsen möchten.
Manchmal muss man zurückblicken,
um den Faden,
der einen in der Vergangenheit hält zu erkennen.
Oft braucht es Zeit,
eine Schere zu finden,
doch wenn es einem gelingt,
dann ist es der größte Beweis von Mut,
diesen Faden zu durchtrennen.

Für die,
die ich lieb habe.
Auf eine wundervolle, gemeinsame Zukunft.

Encounters with a stranger - a self-reflection

Ich tue mir schwer, über mich selbst zu schreiben. Ich meine klare Worte, unpoetische, eindeutige, klare Worte, keine kryptischen Andeutungen. Die Poesie gibt mir einen Schutzschild, hinter dessen Vieldeutigkeit und Individualität ich mich verstecken, zusammenkauern kann, denn jeder einzelne Mensch interpretiert meine Werke auf eine andere Art, anhand seiner oder ihrer eigenen, individuellen Erfahrungswerte und Ansichten. Ich kehre in meiner Poesie oft mein Innerstes zu äußerst, jedoch auf eine Art, die viel Raum zur Interpretation lässt. Am Ende meiner Texte liegen meine tiefsten Gefühle häufig ungeschützt offen, doch ist das meist einzig für mich erkennbar.

Ich bin ehrlich, brutal ehrlich. Wer meine Texte liest, hat freien Ausblick auf die Landschaften meiner Seele, doch manche werden ein Meer sehen, andere eine Hügellandschaft, wieder andere eine Großstadt.
Es fällt mir schwer klare Worte über mich

selbst auf Papier niederzuschreiben, und dabei weiß ich nicht, ob es daran liegt, dass ich mich selbst kaum kenne, oder dass ich mich zu gut kenne. Manchmal schreit alles in mir danach, mich zu zeigen, wie ich wirklich bin, doch dann überlege ich, wäge Folgen ab und entscheide mich für die Poesie.

Manchmal schreit alles in mir danach, mich zu zeigen, wie ich wirklich bin, doch dann merke ich, dass ich nicht nur Eine wirklich bin, dass ich eine Person bin, dass ich viele Personen bin, dass es für Menschen keine Blaupause gibt, weil wir so fassettenreich sind, dass es nicht nur die eine Wirklichkeit unserer Persönlichkeit gibt.

Ich denke, ich lerne mich an jedem Tag auf eine ganz neue Art und Weise kennen.
An jedem Tag bin ich Ich, was aber nicht zwingend heißen muss, dass ich es auf dieselbe Art bin, wie tags zuvor.
Ich denke, mit jedem Tag um den wir altern erlangen wir neue Ansichten und neue Fassetten.
Wir lernen uns selbst und die Welt auf eine

neue Art kennen und lernen, alles aus einem neuen Blickwinkel zu betrachten. Heute bin ich die Lilli, die ich heute bin; aber auch die, die ich gestern war und die, die ich vor drei Jahren war sind weiterhin ein Teil von mir.

Diese Teile sind Ansichten, die meine Persönlichkeit beeinflussen, bilden und stärken, es sind Erlebnisse, Gefühle und Blickwinkel, die meine Sicht auf die Welt, meine Meinungen und mein Dasein prägen.

Ich halte mich für eine äußerst reflektierte Person, die sich gut zu kennen vermag; gehöre ich doch zu den wenigen Menschen, die sich die Zeit nehmen, mich zu verstehen.

Nur weil ich Ich bin, heißt das nicht, dass ich meine Gefühle und Handlungen immer auf Anhieb verstehen kann. Ich fühle sie, ich führe sie aus, dennoch sind sie für mich teilweise gleichermaßen überraschend wie für den Rest der Zivilisation.
Ich habe gelernt, mir die Zeit zu nehmen, um mich zu verstehen, meine Gefühle zu fühlen

und zu validieren, und den Umgang mit ihnen darauf abzustimmen, wie ich ihn als gesund und gut empfinde. Ich nehme jedes meiner Gefühle an, werfe einen Blick darauf und halte es nicht fest. Ich lasse es los, lasse es fliegen, wie einen Vogel. Bleibt es, empfange ich es mit offenen Armen, verlässt es mich, lasse ich es ziehen.

Realisationen über mich in meinem Kopf zu haben ist nicht immerzu ein schönes Gefühl, aber durchweg ein positives, denn es bedeutet, dass ich durch mein Selbstverständnis meine Emotionen validieren kann, und lernen kann, mit ihnen umzugehen.

Die Realisation außerhalb meines Kopfes fällt mir deutlich schwerer, ist sie doch an Faktoren außerhalb meiner Selbst geknüpft, an Faktoren, die ich nicht beeinflussen kann.
Auch wenn ich mich selbst auf meiner gesamten emotionalen Bandbreite akzeptiere, so ist es gleichzeitig in meinem Kopf tiefgehend verankert, dass andere Menschen dies nicht tun, mich verurteilen.

Ich bin seit jeher daran gewöhnt, weshalb es mir immerzu schwer fällt, diese Sorge abzustreifen. Bevor ich eine Wahrheit über mich selbst ausspreche, die nicht lapidar ist, mich potenziell verletzlich macht, brodelt eine Angst von unbeschreiblicher Stärke in mir auf, derer Herrin zu werden schwierig ist, und derer zu überwinden ich nicht immer im Stande bin.

Dennoch, wenn ich mich letztendlich dazu durchringe, mein Innerstes nach außen zu tragen, wenn ich die Worte ausgesprochen höre, die sich einst in meinem Kopf formten, ist dies gleichermaßen ein unglaublich fesselndes und ein unglaublich befreiendes Gefühl für mich, es ist der Ausdruck grenzenloser Schönheit, denn es bedeutet Vertrauen.

Wenn ich mit einer Person über Dinge rede, die mich ausmachen, über meine Gefühle, über meine nicht offenliegenden Eigenschaften, über meine Ideen, Wünsche und Träume, dann ist das wohl der größte Beweis meiner Liebe und meines Vertrauens, welchen ich bringen kann.

Jene Zugeständnisse bekommen von mir nur die Menschen, bei denen mein Herz sagt, dass es sich richtig anfühlt. Dabei kommt es nicht darauf an, wie lange, oder wie gut ich besagte Person bereits kenne, sondern wie sicher ich mir mit ihr bin. An alle, die bereits meine Tränen sahen, an alle vor denen ich offen geträumt habe, an alle, vor deren Augen ich auch über unrealistisches gesprochen habe, an alle die ich mich habe umarmen lassen; Ich habe euch lieb! Ihr bedeutet mir die Welt und nun wisst ihr, *wie* wichtig ihr mir seid.

Wenn ich meine Gedanken und Gefühle in Form von Worten ausspreche, ist dies gleichermaßen ein unglaublich fesselndes und ein unglaublich befreiendes Gefühl für mich. Einerseits wurden meine Worte von der Sekunde ab derer sie meinen Mund verließen, die Schwelle meiner Lippen übertraten, zu irreversiblen Realität, andererseits wurden sie nun endlich zu einer irreversiblen, gehörten Realität.

Nicht nur ich höre sie, sondern auch andere

Menschen. Niemals wieder werden diese Worte, diese Erkenntnisse über mich selbst einzig mir gehören. Das empfinde ich gleichzeitig als unglaublich angsteinflößend und befreiend.

Es ist nicht nur der Fakt, dass ich meine Aussage erstmals laut ausgesprochen höre, sondern auch der, dass andere das Gleiche tun. Ich kann ihr Hören nicht rückgängig machen und ich kann ihre Reaktion nicht beeinflussen, jedoch was ich kann, ist vertrauen.

Ich kann darauf vertrauen, dass ich auf Verständnis und Güte stoße, dass ich verstanden werde, und vielleicht mit meinem Ich andere inspirieren kann.
Ich kann andere Perspektiven hören und ich kann sie gut finden, oder ihrer abgeneigt sein, jedoch meine Perspektive erweitere ich immer, in jeglicher Hinsicht. Ich kann nicht dafür sorgen, dass sich die Sicht anderer auf mich nicht ändert, aber wer sagt, dass Veränderungen schlichtweg negativ sein müssen? Nicht kann ich kontrollieren, wie sich ihre Gedanken über mein Gesagtes anfangen zu formen.

Des Weiteren, bin ich ehrlich mit mir selbst, weiß ich, dass dies sowieso konstant der Fall ist. Tag täglich sind wir alle unterschiedlichen Personen, und nehmen uns auf unterschiedlichste Arten und Weisen gegenseitig wahr. Ein Satz, den ich sage, der mir vollkommen unwichtig vorkommen mag, kann die Sicht einer anderen Person auf mich vollkommend verändern, und die Welt dreht sich weiter.

Was ich sagen möchte; wir haben keinen Einfluss darauf, wie Personen uns sehen, oder nicht sehen, egal wie sehr wir uns öffnen oder verschließen, deshalb dürfen wir uns ruhig die Chance geben gesund und offen mit uns selbst umzugehen, und uns nicht hinter einer Wand aus lapidarem zu verstecken. Lasst uns einfach einmal damit anfangen, wir selbst zu sein, und uns selbst zu verwirklichen.

Ich denke die stärkste Form meiner Auseinandersetzung mit mir selbst ist mein Schreiben.

Darin gründet vermutlich auch meine Angst, mein Innerstes auf Papier zu bringen, denn durch meine Tinte auf dem Papier meines Notizbuches wird es nicht nur real, sondern auch ewig.

Es wird ewig und vor allen Dingen auch weitaus persönlicher, denn meine Worte sind alles, was ich habe. Meine Worte sind meine Kunst, meine Worte sind meine Seele, meine Worte sind meine Heimat, meine Worte sind mein Herz, und meine Worte sind mein Sein.

Obwohl es mir so unfassbar schwer fällt die Feder anzusetzen, die Tinte in das Papier einsinken zu lassen, obwohl ich es manchmal so sehr fürchte, ist es gleichzeitig wohl das Wichtigste, was ich je tat. Indem ich die Gedanken, die sich in meinem Kopf befinden in Worte formuliere, zwinge ich mich, ihnen Struktur zu verleihen. Ich zwinge mich, sie zu ordnen, und sie somit ihr volles Potenzial entfalten zu lassen.

Ich denke, mein Schreiben ist für mich die höchste Form meiner Selbstakzeptanz.

Menschen verändern andere Meschen.
Das ist allgemein.
Aber mache Menschen ändern andere mehr als
andere.

Als ich einst in den Spiegel blickte,
sah ich eine Fremde zu mir zurückschauen.
Ich sah nicht mich selbst.
Das war nicht ich.
Ich war verändert worden und man hatte mir
mich genommen.

Mache Pflanzen sehen nicht aus wie ihre
Sprösslinge.
Ich nahm das winzige bisschen welches von mir
übriggeblieben war und ich wuchs.
Ich war niemals in der Lage zu der Person zu-
rückzukehren, die ich einst war.
Dennoch, während ich wuchs,
erschuf ich ein neues Ich.
Wir haben einige Gemeinsamkeiten,
doch wenn man uns genau betrachtet,
haben wir nicht mehr viel gemein.
Ich bin ein Mosaik.
Kleine Bruchstücke, die man auf verschiedene
Weisen zusammensetzen kann,
um Kunst zu kreieren.

Faszinierend, bezaubernd, umwerfend

Nostalgie

Meine Lieblingsfarbe ist Abendrot.
Es symbolisiert den Abschied von einem ver-
gangenen Tag und den Anbeginn einer neuen
Nacht.

Ein Tag bringt viel Schönheit mit sich, doch
muss er irgendwann zu Ende gehen. Im Abend-
rot verlieren sich die Gedanken. Im Abendrot
vermischen sich Vergangenheit und Zukunft zu
einer Form von wundervoller Gegenwart.

Das Abendrot ist eine Form von Nostalgie, wel-
che in ihrer Schönheit kaum zu übertreffen ist.
Das Abendrot ist die Rose unter all dem Gras,
das Gold unter all den Sandkörnern, das Du
unter all den Ichs.
Es ist das Nachtrauern einer alten Liebe im
Hinblick darauf, dass Neues bevorsteht.
Das Abendrot ist ein schönes Gefühl.
Ein Gefühl, welches in der Lage ist, so viele an-
dere Emotionen aufkeimen zu lassen, wenn
man es zulässt.
Blicke ich in das Abendrot, empfinde ich

ausreichend Frieden, um über alles nachdenken zu können.

Ich bin wie das Abendrot. Ich bin die Gegenwart, gefangen als ein Zwischenzustand inmitten der Wogen, welche Vergangenheit und Zukunft aufwerfen. Ich bin greifbar und ich bin Frieden.

Ich weiß nicht, was mir bevorsteht, weiß nicht, was die Nacht bringen mag, jedoch werde ich mich nicht auf Ewig in das Licht des Tages flüchten können, denn es wird immer weiter schwinden, und sich in Abendrot verwandeln.

Auf das, was kommen mag, auf Ungewissheit, auf all die schönen Abenteuer!

Zeitreise

Ich bin dem Charme alter Dinge verfallen.
Alte Bücher zu lesen, in ihren vergilbten Seiten
zu blättern, hat so viel Eleganz.

Eine Taschenuhr wie ein Gentleman aus alten
Tagen zu tragen, erinnert mich an den Charme
vergessener Zeiten.

Etwas Altes anzufassen ist wie eine Berührung
mit der Geschichte.

Antiquitäten sind wie eine Bewahrung längst
vergangener Zeiten.

Das Blättern in alten Romanen ist wie eine
Zeitreise.

Es ist eine bewahrte Perspektive, ein längst ver-
gessener Traum, eine versunkene Weisheit.

Ich bin fasziniert von der Tiefe der alten
Dinge.

Romantisiert

Ich bin eine Philokallistin.

Ich sehe die Schönheit in jedem kleinen Detail, und ich bewundere selbst die kleinsten Dinge. Ich wünsche mir, dass jeder die Welt wenigstens einmal mit meinen Augen sehen kann, denn das lässt unsere Gesellschaft, unsere Welt, viel weniger schrecklich und grausam erscheinen.

Ich bin eine Philokallistin, ich sehe jedes kleine Detail, deshalb ist mir nie langweilig.
Ich kann stundenlang auf einer Bank sitzen und einfach nur die Bienen auf den unzähligen Blumen beobachten, das leise Plätschern des Wassers hören, ein Kind sehen, das einer älteren Dame hilft, ihr Buch vom Boden aufzuheben.

Ich sehe auch die Menschen um mich herum, die schnell und gestresst durch die Gegend rennen, und hoffe, dass ich, selbst wenn ich einer von ihnen werde, mir immer einen Moment

Zeit nehmen werde, um langsamer zu werden und die einfache Kunst des Wahrnehmens zu üben. Sie sehen nicht die beiden Tauben, die sich um ein Stück Brot scharen, sie haben keinen Blick für die winzige Fliege, die auf dem Blatt des Baumes läuft, dessen Ast direkt neben mir hängt.

Ich bin eine Philokallistin, und mein Gehirn scheint das Leben um mich herum zu romantisieren.

Ich nehme die schrecklichen Seiten unserer Gesellschaft wahr, weil ich so viel von ihnen höre. Ich sehe sie, und ich weiß, dass sie da sind. Ich weiß, dass sie real sind.

Doch sobald ich einen Fuß auf meine Türschwelle setze, sehe ich nur noch Frieden und Schönheit. Ich werde daran erinnert, dass es noch Gutes gibt, und dafür bin ich sehr dankbar.
Es ist eine Art von Frieden und Schönheit, die nicht jeder sieht, denn es sind die kleinen Dinge.

Jeder kleine Mikrokosmos hat seine eigene individuelle Art, mit seiner Umgebung zu symbiotisieren.
Jeder kleine, perfekte Mikrokosmos funktioniert so nahtlos.
Jeder kleine, perfekte Mikrokosmos trägt dazu bei, einen perfekten Makrokosmos zu bilden.
Die Natur funktioniert nach ihren eigenen Gesetzen, die kein Mensch jemals verstehen und somit auch nicht kontrollieren kann.

In der Natur wird alles, was geschehen soll, auf eine bestimmte Art und Weise und zu einer bestimmten Zeit geschehen.

Das ist es, woran ich glaube, wenn es um die Menschheit geht. Der Mensch ist ein Tier, der Mensch ist nichts anderes als die Natur, die sich selbst verleugnet; die ihre eigene Schönheit verleugnet.

Ich persönlich bin keine Verfechterin des Determinismus, dennoch bin ich überzeugt, dass wenn etwas geschehen soll, es auch geschehen wird, wenn man es nur zulässt. Meiner

Meinung nach sind Menschen in der Lage, Entscheidungen im Leben zu treffen, mit ihrem eigenen vernünftigen Verstand, aber wenn wir einfach alles sein lassen würden, wie es ist, wenn wir nur auf das Gefühl in unserem Bauch hören würden, wenn es um das Treffen von Entscheidungen geht, denke ich, es könnte eine Form von Schicksal geben.

Ich als Person bin genauso viel Vernunftüberzeugt, wie ich nicht bin.
Manchmal hängen die Dinge einfach von der Situation ab.

Schließlich wird alles, was gut ist, irgendwie auf die Art und Weise und zu dem Zeitpunkt passieren, zu dem es geschehen soll.

Alles wird sich fügen, wenn man es nur zulässt und nicht zu sehr darauf drängt.

Gegenteile

Der Ozean tost,
eine Bestie,
eine Königin,
eine Sklavin.

Der Ozean ist stark,
Der Ozean ist respektabel,
majestätisch.

Der Ozean ist weich,
der Ozean ist schwach,
lebendig.

Der Ozean schmiegt sich an die Wolken,
den Horizont.

Rosa, blaue, bauschige Wolken,
dunkler, tosender, tiefer Ozean,
zwei Gegensätze,
die sich umarmen.

Zwei Gegenteile,
und doch eins.
Zwei Gegenteile,
und doch keins.

Die Lebendigkeit der Wolken,
die tödliche Tiefe des Ozeans.

Sie sind verschieden,
aber sie lieben einander.

Steinweich

Du bist weich wie Stein,
steinweich.

Du bist der weichste Mensch, den ich kenne.

Das Leben ist immer hart für den Stein,
so lange, bis er zerbröckelt und zerbröselt,
so lange, bis er den Schmerz nicht mehr ertragen kann,
so lange, bis er zerbröckelt und zerbröselt und
zu Sand wird.

Das Leben bringt den Stein dazu, seine wahre
Seele zu zeigen.

Der Stein gibt vor, der Härteste zu sein,
aber wenn er dem Leben gegenübersteht,
ist er gezwungen zu zeigen, wie weich seine
Seele in Wirklichkeit ist.

Du kämpfst wie ein Soldat,
Brüllst wie ein Bär,
wenn du in Wirklichkeit ein Stein bist,
weich.

Du bist in Wirklichkeit ein Stein,
verletzt.

Du bist ein Stein,
weich,
und bedürftig nach
Liebe.

Urbanisierte Natur

Winzige Häuser,
Eines neben dem Anderen,
Alle sehen sie gleich aus.

Eine brutale Wüste der Langeweile.

Zweige,
Blätter,
der Geruch von Holz.

Ein weiter Blick in die Freiheit.

Sie haben versucht die Natur hierher zu bringen,
hier in die Stadt,
wo das Heulen der Wölfe
das Surren eines Automotors ist.

Sie haben versucht die Natur hierher zu bringen,
sie versuchten, die Schönheit hierher zu bringen,
aber sie zähmen die Äste,
schneiden die Blätter ab,

und man kann das Holz nicht mehr riechen
unter dem Autobenzin.

Sie haben versucht, Schönheit hierher zu bringen,
aber sie haben versucht sie zu urbanisieren.
Sie versuchten, sie zu zähmen,
sie versuchten, sie zu kontrollieren,
und indem sie die Blätter abschnitten,
schnitten sie die Schönheit ab,
schnitten sie die Freiheit ab,
schnitten sie die Vollkommenheit ab.

Steter Tropfen höhlt den Stein

Die seichten Wellen,
sie streicheln die Steine am Strand.
So zärtlich,
So lieblich,
So prägend.

Steter Tropfen höhlt den Stein,
Die Liebe des Wassers,
Meister der Veränderung.

Sorglos besorgt

Blumen blühen,
die Sonne scheint,
Bienen fliegen durch den warmen Atem der
Luft.

Ich atme ein, ich atme aus,
ich betrachte Marienkäfer im Sonnenschein,
Ich betrachte die Blumen, die ihre Köpfe gegen
das Licht halten,
ich beobachte Schmetterlinge, die durch die frische Brise tanzen.

Es ist friedlich, ich bin mit der Welt im Frieden, im Reinen.

Ich weiß, dass ich das nicht sein sollte.

Ich werde durch das Geräusch eines Flugzeugs
daran erinnert,
das dröhnt,
das Linien, Spuren, Narben im makellosen
Himmel hinterlässt.

Aber ich bin sorglos in Frieden.

Ich bin sorglos in Frieden, während ich von
Vollkommenheit umgeben bin.
Die Vollkommenheit der Natur liegt darin,
dass sie es nicht ist.

Ich würde gerne diese Regel nehmen,
und sie auf die Menschen anwenden.

Die Unbekannte

Ein Feuer, klein und winzig,
getötet durch den Wind.

Ein Akt der Freundlichkeit eines Fremden
lässt es aufleben geschwind.

Davon ist nun nichts mehr zu sehen,
das Feuer groß und stark.

Doch ist es noch des Fremden Werk,
der einst so gütig war.

Die Wolken in meinem Kopf

Ein Handtuch im Sand,
ein Glas Rotwein,
das Rauschen des Meeres in meinem Ohr.

Die Sandkörner in meiner Hand,
mein Kopf in den Wolken,
und die Wolken in meinem Kopf.

Den Wellen zuschauen,
sich von ihnen mitreißen lassen,
weg, raus,
raus aus der Realität.

Das Geräusch eines Steins,
der auf der Wasseroberfläche landet.

Der Klang der Freiheit.

Menschen ändern sich, doch manche waren
niemals gut
(Trigger Warnung: Dieses Kapitel enthält gra-
phische Umschreibungen von Missbrauch)

Drehung der Dinge: Gestohlener Reichtum

Ich war einmal der reichste Mensch auf diesem
Planeten.
Ich hatte alles, bis sie es mir nahm.
Eines Tages beschloss das Leben, auf mich zuzu-
kommen und mir alles zu nehmen.

Ich war einst der reichste Mensch auf diesem
Planeten, aber dann traf ich diese Frau.

Ich traf diese Frau, und ich war glücklich.
Sie schien so makellos zu sein, sie schien mich
zu verstehen. Ich hatte das Gefühl, dass ich
endlich jemanden kennengelernt hatte, der
mich verstand, der so war wie ich.
Ich dachte, das Schicksal wäre endlich auf mei-
ner Seite, ich dachte, ich hätte endlich jeman-
den kennengelernt, die mir so ähnlich war,
dass sie mich verstehen würde. Ich dachte, end-
lich jemanden gefunden zu haben, dem ich so
ähnlich war, weil sie mich nicht als seltsam beti-
telte, nur weil ich ich bin.
Ich war im siebten Himmel, und ich verbrachte
so viel Zeit mit ihr, dass wir uns wie zusammen-
wuchsen wie eine Familie, eine richtige

Familie. Familie im Sinne der ursprünglichen Bedeutung von „Blut ist dicker als Wasser". Früher hieß es, dass die Verbindung zwischen Freunden, die durch Blutsbrüderschaft entstand, die Verbindung zu Menschen, die wir uns ausgesuchten, viel dicker ist als das Wasser der Geburt, das uns mit der Familie verbindet, die uns zufällig gegeben wurde. Und du, du warst Familie. Du warst meine Familie, und bis zum heutigen Tag kann ich nicht verstehen, warum du getan hast, was du getan hast.

Ich wurde von ihrer Anwesenheit eingelullt, ich liebte sie als meine Freundin, als meine platonische Seelenverwandte, also war ich geblendet.

Es begann ganz simpel damit, dass sie langsam meine anderen sozialen Kontakte reduzierte, bis es nur noch sie gab. Nur sie und ich. Nur wir gegen den Rest der Welt.

Zumindest hast du es so aussehen lassen... oder nicht?

Ich wurde von ihr abhängig, ohne es auch nur im Geringsten zu bemerken.

Ich hatte das Gefühl, dass es mir endlich

immer besser ging. Ich hatte vorher nie wirklich Freunde, weißt du. Aber in Wirklichkeit wurde alles immer schlimmer und schlimmer.

Ich würde gerne die Metapher verwenden, dass ich unter ihrer Fingerspitze gefangen war. Körperlich wäre ich bis zu diesem Zeitpunkt immer in der Lage gewesen zu entkommen, aber geistig... in dem Zustand, in dem ich mich befand, hätte ich jeden gefragt: „Wovor entkommen?" Ich glaube, rückblickend ist das Herzzerreißendste, was mir gesagt wurde, dass sie einen schrecklichen Einfluss auf mich hat und ich sie von ganzem Herzen beschützt habe. Ich mache mir keine Vorwürfe, nicht mehr, aber wie? Wie konntest du mir das antun, obwohl du doch wusstest, wie sehr ich dich liebte, obwohl du doch wusstest, dass ich mich zwischen jede Anschuldigung gegenüber dir werfen würde.

Eines Tages stellte sie mir diese Frage, die ich bis heute nicht vergessen kann. Ich erinnere mich, dass es mich das letzte Bisschen meines freien Willens kostete, so zu antworten, wie ich geantwortet habe, aber das hat dir nicht gefallen, es hat dir nicht gefallen, dass ich nein gesagt habe, nicht wahr?

Nun, eigentlich war es dir egal.

Sie tat, was ich ihr verboten hatte, und stahl ohne meine Zustimmung meinen gesamten Reichtum.
Sie stahl meinen Reichtum und nachdem sie fertig war, sagte sie diese Worte, die mich bis heute zeichneten.

Ich erinnere mich an ihren Blick aus diesen Augen, die ich so gut zu kennen glaubte, die ich so sehr liebte, und ich erinnere mich an die Worte, die aus ihrem Mund kamen.

„Das nächste Mal machen wir weiter!"

Ich erinnere mich, dass ich in dieser Nacht mit dem Gedanken an meinen gestohlenen Reichtum einschlief, mit dem Gedanken, ihn selbst gestohlen zu haben. Ich erinnere mich daran, dass ich nicht verstand, was man mir angetan hatte, ich war ahnungslos.

Ich erinnere mich, dass meine Seele in Stücke gerissen wurde, und ich erinnere mich, dass ich verwirrt war und nicht verstand, warum ich so fühlte, wie ich fühlte.

Erst dann erfuhr ich, was das Wort Manipulation bedeutet, und ich verstand.
Erst dann lernte ich, was das Wort Missbrauch bedeutet, und ich verstand.

Aber der Schaden war angerichtet, der Schaden war irreparabel, also habe ich sie weiter geliebt.

Ich wollte alles wieder gut machen, meine Liebe nicht verlieren, meine Freundin nicht verlieren.

Ich glaubte fest daran, dass du ein guter Mensch warst, also ging ich wieder auf dich zu und sagte dir, was du getan hattest.
Ich habe dir eine Chance gegeben, ich wollte wirklich, dass wir wieder wir sind. Wie dumm von mir zu glauben, dass dies tatsächlich eine Möglichkeit sei.

Ich habe ihr gesagt, was sie mir angetan hat, und alles, was ich wollte, war eine Entschuldigung.

Alles, was ich hören wollte, waren die Worte „Es tut mir leid", war das zu viel verlangt? Ich bat verzweifelt um eine Entschuldigung, die ich nie bekam, und damit ließ sie meinen Glauben an die Menschheit bröckeln und in Stücke brechen.

Sie nahm dieses kleine Reh, ein Abbild der Unschuld, und schlachtete es brutal in einem wunderschönen Wald in einer lauen Sommernacht, in der die Äste der Bäume das Mondlicht verdunkelten.

Ich war der glücklichste Mensch auf diesem Planeten, aber dann lernte ich diese Frau kennen.

Als sie meinen Reichtum stahl, dachte ich, mein Leben sei vorbei, aber ich lebte weiter. Ich wollte es nicht und ich versuchte es nicht zu tun, aber leider war es mein Schicksal zu leben.

Es dauerte seine Zeit, aber als sie das Reh tötete, wurde ein Löwe geboren. Er war schwach und klein. Er war schwach und klein und brauchte Fürsorge, aber niemand war da, also kümmerte ich mich um ihn.
Im Laufe der Zeit wuchs der Löwe und mit ihm auch mein Reichtum.

Nun bin ich wieder der reichste Mensch auf diesem Planeten, und ich werde von einem Löwen beschützt.
Ich werde immer der reichste Mensch auf diesem Planeten sein, denn niemand wird mir jemals wieder mein Lächeln wegnehmen können.

Das ist ein Versprechen, das ich mir selbst und dem Löwen gegeben habe.

Das Leid in den Augen und den Stift fest in der Hand, schaffst du es trotzdem irgendwie alles schön klingen zu lassen.

Festhalten

An etwas Festhalten ist gut, aber an etwas Festhalten tut weh, manchmal, meistens, immer, häufig.

Festhalten am Festgehalten sein.
Loslassen und trotzdem ist man festgehalten, denn die Erinnerung vom Festgehalten werden lässt sich nicht so einfach abschütteln.

Festhalten lässt sie schaudern, Festhalten lässt sie nachts vor Angst nicht einschlafen und doch ist Festhalten gut, trotzdem ist Festhalten gesund.

Nur das Festhalten am Festhalten nicht.

Festhalten ist seltsam für sie, denn das Festhalten und das Festhalten am Festhalten hat sie krank gemacht, dennoch hat Festhalten sie geheilt und ihr Sicherheit gegeben als sie am Ende war.

Festhalten ist verwirrend, weil es ein neutrales

Wort ist, ohne neutral zu sein. Das Festhalten und das am Festhalten festhalten wiegen sich auf.

Sie sind gut und schlecht und damit neutral.

Festhalten sagt viel zu wenig aus über seine eigentliche Bedeutung, denn Festhalten ist so emotional, entgegen Festhaltens lapidaren Klanges.

Die Ruhe vor dem Sturm

Sie betrachtet gerne das Meer.

Oft steht sie einfach nur da, mit ihren nackten Füßen im kalten Sand und dem wehenden Wind in ihren Haaren. Da ist so ein bestimmter Geruch, der die Ruhe vor dem Sturm ankündigt. Die Briese in ihrer Nase klingt wie der letzte Hilfeschrei des Meers bevor der Sturm es verschluckt.

Sie sitzt oft da, auf einer Düne, ihrer Düne, riecht eben diesen Geruch und hört dem Meer bei seinen leidvollen Schreien zu. Das Geräusch beruhigt sie, gibt ihr ein Gefühl von Heimat, Heimelichkeit.

Nun liegt sie da, in sich verdreht.

Ihr Körper ist an den meisten Stellen blau wie das Meer.
Rotes Blut läuft aus ihrer Nase und aus der Schnittwunde, die sein Messer hinterlassen hatte.

Sie hatte auf ihrem Nachhauseweg die Ruhe
vor dem Sturm gefühlt, hatte sich gefreut über
die Heimelichkeit die ihr dieser Zustand gab.

Sie war gehüpft. Nur noch fünf Minuten bis
nach Hause.

Und nun liegt sie hier, eine Stunde später,
noch immer sind es fünf Minuten bis nach
Hause.

Die Ruhe vor dem Sturm ist verschwunden,
denn der Sturm war losgebrochen.

Nun verstand sie das Meer, und warum es
schrie. Nun lag sie da, allein gelassen. Ihre
Hose war offen und ihr Shirt klebte nur noch
wie ein einziger zerrissener Fetzen an ihr.

Fünf Minuten und die Ruhe vor dem Sturm
hätte nicht für immer ihre Bedeutung geän-
dert.
Fünf Minuten und sie wäre heil zu Hause ange-
kommen mit dem Gefühl von Heimelichkeit in
ihrem Herzen.

Aber nein, er hatte sie gesehen und er hatte sich haltlos gefühlt, er war rastlos über sie hergefallen wie der Sturm über das Meer.

Für ihn war es nicht von Bedeutung gewesen, denn sie war nur eines der vielen Meere, in dem er seine Wogen geschlagen hatte.

Aber jetzt war das Meer unruhig. Es bewegte sich weiter, warf riesige Wellen, hatte das Gefühl niemals wieder fähig dazu zu sein, zu Ruhe zu kommen.

Sie lag von außen ganz ruhig da, aber ihre Gedanken zogen sie in einem Strudel unter die Wasseroberfläche zum Meeresboden hin.

Sie lag noch lange dort, bis die Wellen abebbten und eine Ruhe, eine Totenstille hinterließen.

Das, was eben noch von lautem Rauschen und ohrenbetäubendem Getöse, von mannshohen Wellen und metertiefen Strudeln gezeichnet gewesen war lag nun brach, war nun ruhig und glatt und kaputt. Nun lernte sie auch die Ruhe nach dem Sturm kennen, und sie verzweifelte.

Ihre Gedanken tauchten wieder auf der Wasseroberfläche auf, doch es war zu spät, sie war tot, ihre Gedanken waren ertrunken.

Dennoch lebte sie, lag als stille Hülle am Boden, atmete, ohne lebendig zu sein.
Die Ruhe nach dem Sturm fraß sie auf, denn sie hatte nichts Vertrautes, sie war nichts als eine grausame Leere, die der Sturm hinter sich gelassen hatte.

Nun verstand sie das Meer wirklich und von nun an verabscheute sie den Geruch der Ruhe vor dem Sturm, denn sie hatte das Leid gefühlt, dass das Meer erleben musste.

Ich wünschte ich wäre in den Zug gestiegen

Ich stand am Bahnhof des Lebens und ich
wünschte, ich wäre in den Zug gestiegen.
Ich wünschte, ich wäre abgefahren, sodass ich
deine Bekanntschaft nie gemacht hätte.

Doch frage ich mich, wünsche ich mir das wirk-
lich, dich nie gekannt zu haben?

Denn was wäre ich wohl heute für eine Person,
wäre ich damals nicht an dir zerbrochen?

Doch frage ich mich, wünsche ich mir das wirk-
lich, dich nie gekannt zu haben?

Denn was wäre ich heute für eine Person, hätte
ich mich nicht deiner wegen heilen müssen?

Doch frage ich mich, wünsche ich mir wirklich,
dich niemals gekannt zu haben?

Denn was wäre aus all diesen Momenten gewor-
den, die mich so überglücklich machten?

War mein momentanes Gück es wert, später so zerstückelt zu werden, meine Seele in tausend Teilen mühevoll vom Boden aufsammeln zu müssen?

Ja, ich denke du warst es wert.

Du warst nie wirklich gut zu mir, aber zu den Zeiten, in denen ich unwissend dieses Faktes war, vermochtest du es, mich überglücklich zu machen.

Rebellion

Haare tragen Erinnerungen in sich, also
schneide ich sie ab.

Ich trenne mich von den Erfahrungen, die
meine Vergangenheit zerstörten und mich in
Stücke auf dem kalten Steinboden zerbrechen
ließen.

Ich trenne mich von meiner Vergangenheit,
um eine Zukunft zu haben, denn wie soll ein
Mensch weiterleben, nachdem er erlebt hat,
was ich erlebte. Da ist dieser tiefe Spalt in mei-
nem Herzen, in den ich stolpern und fallen
könnte, wenn ich nicht aufpasse. Es ist eine Ge-
fahr, aber sie wird im Laufe der Jahre immer
kleiner.

Ich schneide meine Haare, um mich auszudrü-
cken, um zu zeigen, wer ich bin, um meine Per-
sönlichkeit zu verkörpern.

Ich schneide meine Haare als Symbol des
Wachstums.

Je länger mein Haar nachwächst, desto stärker werde ich sein.

Es ist ein Zeichen der Rebellion. Es ist, als würde ich meiner Vergangenheit den Mittelfinger zeigen, weil sie mich vernichtet hat. Es ist die Entschlossenheit, dass es mir besser gehen wird.

Am Anfang war meine Motivation zur Heilung einzig und allein Trotz.
Ich wollte den Menschen, die mich verletzt haben, zeigen, was sie verpassen.

Dann lernte ich, wie wichtig es ist, mich selbst zu lieben, und mein neues Motiv wurde, um meiner selbst willen zu heilen, also schnitt ich meine Haare noch kürzer.

Ich tat mit meinem Haar, was getan werden musste; ich schnitt es, ich färbte es, ich stylte es.

Ich tat mit meinem Haar, was mit mir getan wurde, und ließ es wachsen.

Ich war nicht in der Lage, mein Haar zu zerstören, und mir wurde klar, dass die Menschen, die dies mit mir versuchten, dies genauso wenig vermochten.

Aus meinen Haaren schöpfte ich die Kraft, mich zu erholen, so beschloss ich, dem Leben noch eine Chance zu geben, und dies sollte sich als die beste Entscheidung erweisen, die ich je getroffen habe.

Vielen Dank an alle, die mein Leben wieder lebenswert machen. Ich habe euch lieb, und ich habe mich lieb!

16/10/2027

Jeder Tag in unserem Leben ist anders und auf seine Art besonders.

Es gibt Tage, die machen uns glücklich, und es gibt Tage, die uns betrüben.
Aber was es auch gibt, ganz selten, sind Tage wie der sechzehnte Oktober.

Tage wie der sechzehnte Oktober sind Tage, die unser Leben völlig aus den Bahnen werfen, ohne, dass wir auch nur ansatzweise damit rechnen, wenn wir morgens aus dem Bett steigen.

Tage wie der sechzehnte Oktober können positiv sein, oder auch negativ.

Tage wie der sechzehnte Oktober markieren Wendepunkte in unserem Dasein.

Tage wie der sechzehnte Oktober nehmen nicht nur grundlegende Änderungen an unserem Leben und an unserer Sichtweise auf

Begebenheiten vor, sondern Tage wie der sechzehnte Oktober verändern uns als Personen.

Tage wie der sechzehnte Oktober schleichen sich in unser Bewusstsein, um dann auf heimtückische Art und Weise mit unserer Persönlichkeit zu verschmelzen, und fester Bestandteil ihrer zu werden.

Tage wie der sechzehnte Oktober müssen nicht zwangsläufig an diesem Datum stattfinden, dennoch, für mich persönlich ist es dieser Tag, der mir in den Kopf kommt, wenn ich von dem Tag erzählen soll, der mein Leben aus den Fugen warf und den Menschen hervorbrachte, der ich heute bin.

Wie ich bereits andeutete, denke ich, dass Persönlichkeit eine fluide Angelegenheit ist, wir alle haben diese Grundausstattung an Gefühlen und Emotionen, aber selbst diese sind verformbar. Bis wir einen Tag wie den sechzehnten Oktober erleben, sind wir ein Klumpen Ton, der weich und knetbar und vor allen Dingen für alle zugänglich ist. Erleben wir nun einen Tag, wie den sechzehnten Oktober, erlangen wir etwas, das uns nicht nur verformt, sondern sich mit uns addiert. Wir erhalten etwas, das einen Käfig um unser Gebilde aus Ton schließt. Dieser Käfig hat eine Türe, aber einzig die Türe selbst entscheidet, wann und für wen sie sich öffnet.

Tage wie der sechzehnte Oktober sind Erfahrungen welche, die Grundausstattung an Emotionen in uns unnötig machen, da sie mit solch einer Präsenz und Fülle eintreten, dass sie den Menschen töten, der wir einst waren.

Tage, wie der sechzehnte Oktober, stehlen unsere Naivität und Prägen uns so weit, dass es ein weiteres Ereignis wie den sechzehnten Oktober bräuchte, um uns in eine andere Richtung zu verformen.

Man sollte mich jedoch nicht falsch verstehen, denn Ereignisse, die Tage wie den sechzehnten Oktober ausmachen müssen nicht immerzu grotesk sein, es reicht, wenn sie eine persönliche Bedeutung haben. Diese kann durch

Freunde, Verwandte, vielleicht auch durch Fremde, oder durch einen selbst entstehen.

Dennoch bin ich nicht der Überzeugung, dass Tage wie der sechzehnte Oktober uns in unveränderbarer Vollständigkeit unser früherer Selbst berauben. Ich bin der Auffassung, dass Tage wie der sechzehnte Oktober, mit ihrer massiven Wucht, unsere Basis an Persönlichkeit nicht vollständig auslöschen, jedoch in einen scheintoten, komaartigen Zustand versetzen.

Es liegt dann an uns, ob wir das, was Tage, wie der sechzehnte Oktober uns als Persönlichkeit einsetzen, behalten wollen, oder ob wir determiniert daran arbeiten, wieder zu unserem eigentlichen Selbst zurückzukehren.

Floskeln

„Aber es hat sich doch gelohnt, du bist doch
jetzt viel stärker", ist das, was sie immer zu dir
sagen.

Aber die Frage, die dir niemand stellt, ist, ob es
sich gelohnt hat, ob sich all das gelohnt hat,
nur um stärker zu sein, am Ende.

Aber was heißt schon Ende bei so etwas, klar,
irgendwann wird das Schreien und Weinen
und Verzweifeln weniger, aber Ende?

Und sicher, irgendwann werden die Stimmen
in deinem Kopf leiser, und du findest dich ab
damit, dass es passiert ist, aber Ende?

Ende ist ein Wort, dass man in diesem Zusam-
menhang wirklich nur von Unwissenden hört,
denn klar, alles wird irgendwann besser und
die Wunden werden zu Narben, aber weg sind
sie dadurch auch nicht.

Ich denke das Hauptproblem, warum Außenstehende so etwas nicht begreifen, ist, weil sie die Sache auf ein Minimum beschränken, denken da wäre mal was gewesen ja, aber was soll's, ist ja jetzt auch wieder vorbei.

Was die meisten nicht zu begreifen scheinen ist, dass uns die Möglichkeit auf eine normale Entwicklung strategisch genommen wird, weil wir zur Genüge damit beschäftigt sind zu überleben und dabei auch noch so zu tun, als ob es uns blendend ginge, weil wir uns sonst anhören dürfen, dass es doch nicht so schlimm war, und wir die Sache nicht so überdramatisieren sollten, mal darüber wegkommen sollten.
„Es war doch nur...“
„Also andere müssen ... durchmachen“
„Wenn du ... erlebt hättest könnte ich dich ja noch verstehen, aber so...“

Und dann ist da dieses ständige Gerede vom Verstehen. Nein! Gar nichts versteht ihr! Verstehen tut nur der, der unseren Weg selbst hat zurücklegen müssen, der selbst einmal in unserer Haut steckte, aber sonst? Nein, sonst ist

Verständnis das falsche Wort. Vielleicht ist es besonders empathischen Menschen gegeben bis zu einem gewissen Punkt nachzuvollziehen, aber niemals ist es so, dass ein Außenstehender verstehen kann.

Und aus eben diesem Grund ist es so, dass wir, wenn wir gefragt werden, wie es uns geht, lächeln und nicken, und immerzu all unsere Gefühle verstecken, was schlecht ist für unsere Heilung, wenn wir alles unterdrücken und in uns anstauen müssen, weil es einerseits niemand wirklich wissen will, wie es uns geht, und wir andererseits in ständiger Angst leben, zusätzlich von anderen Menschen dafür verurteilt zu werden, was uns wiederfahren ist.
Wir sind dazu verdammt, statt über Jahre uns auf einen Schlag entwickeln zu müssen, aufgrund der Massivität unserer Situation erwachsen werden zu müssen, statt das Kind zu sein, was wir eigentlich sind. Und das Beste ist, dass andere dich immerzu loben, dass du so reif bist für dein Alter, ohne wahrzunehmen, wieso.

L steht für Liebe

Elemente der Liebe

Ein Hauch von Luft,
der leicht durch mein Haar streicht,
deine Hände,
ein Teil des Himmels,
Wind.

Der Sand, auf dem ich sitze,
weich und warm,
dein Schoß,
ein Teil des Strandes,
Erde.

Der Anblick des Ozeans,
tief und blau,
deine Augen,
ein Teil des Meeres.
Wasser.

Das Gefühl in mir,
entflammt, wann immer ich an dich denke,
mein Herz,
ein Teil von dir,
Feuer.

Holzpüppchen dreh dich

Wenn du dich jemals in einen Menschen verliebst, dann verliebe dich in ihre Augen.

Im Laufe deines Lebens verändert sich dein ganzer Körper.
Dein Haar wird ergrauen, dein Gewicht schwanken, deine Haut wird irgendwann faltig werden.
Das Einzige, was immer jung und voll von dem Leben, in welches man sich verliebt hat, bleiben kann, sind die Augen.

Die Augen sind ein Portal zur Seele eines Menschen.

Wenn wir in die Dunkelheit schauen, weiten sich unsere Pupillen, weil sie das gesamte Licht einfangen wollen, um richtig sehen zu können.

Wenn wir eine Person ansehen, die wir lieben, erfolgt genau dieselbe Reaktion, da wir uns danach sehnen, das ganze Licht, welches von dieser Person ausgeht, in uns aufzunehmen.

Durch unsere Augen werden Emotionen zum Ausdruck gebracht, die niemals in Worte gefasst werden könnten, da sie zu banal sind, um die Tiefe der intensivsten Gefühle auszudrücken.

Durch unsere Augen werden Worte gesprochen, die nie unsere Zunge berühren, die nie die Grenze unserer Lippen überschreiten.

Unsere Augen kommunizieren schweigend, was unser Mund zu sehr fürchtet, zu sagen.

Wenn ich dir in die Augen schaue, weiten sich meine Pupillen, und ich versuche, meine ganze Liebe, meine tiefsten Gefühle in meinen Blick zu legen, in dem Wunsch, dass du die Zeichen verstehst, weil ich es dir nicht anders sagen kann.

Meeresphilosophie

Ich schaue in das Feuer,
meine Gedanken ganz bei dir.

Mein Herz entflammt,
wie Holz und Gras.

Mein Herz gehört nur dir!

Ein Brief

Ein Brief, ein kleines Stück Unendlichkeit in deiner Hand. Ich werde niemals aufhören über dich zu schreiben.

Ich werde an dich schreiben und über dich und ich werde dir mit meinen Worten die Unendlichkeit widmen, ich werde dich unsterblich machen.

Du verdienst nicht nur einen Absatz oder zwei, dir gebühren ganze Romane, die über die Schönheit deiner Seele berichten.

Ich werde dir Briefe schreiben, für immer, denn Messenger-Nachrichten wirst du nicht in zwanzig Jahren in einem Karton auf dem Speicher finden und lächeln.

Denkst du noch, oder fühlst du schon?

Ein Mädchen,
so wunderschön,
so zauberhaft,
so engelsgleich.

Mit ihrer Anmut zieht sie mich in ihren Bann,
Bin Wachs in ihren Fingern.

Was sonst auch keiner sehen kann,
Sie lässt mich niemals los.

Die Liebe einst so schwer wie Blei,
mit ihr so leicht wie fliegen.

Mit ihr fall' ich auf Wolken,
durch sie wachsen mir Flügel.

Verflucht

Deine Anwesenheit hat die Fähigkeit mir den
Atem zu rauben.

Wenn du einen Raum betrittst, bin ich immer
wie vom Donner gerührt.

Ich bin erstaunt über deinen natürlichen
Charme, und es ist ein Geheimnis für mich,
wie man innerlich und äußerlich so unglaub-
lich schön sein kann.

Mein Herz stolpert über die tiefsten Gefühle,
die ich für dich hege und die mich für immer
nicht loslassen werden.

Oder um es in kürzeren Worten zu sagen:
Ich liebe dich!

eloquent

Verstehe ich das jetzt richtig?

Die größte Lüge, die ich mir einrede, ist, dass ich verstehe, denn ich verstehe nichts.

Ich verstehe, dass ich es nicht tue, aber gleichzeitig verstehe ich nicht, wie ich glaube zu verstehen, dass ich es nicht verstehe, wobei ich mir ein Verständnis anmaße, das ich doch nicht habe.

Ich glaube zu verstehen, aber alles, was ich weiß, ist nur ein verschwommenes und unbedeutendes Durcheinander im Weg des Universums.
Was ich weiß, was ich zu wissen glaube, kann wahr sein, oder es kann falsch sein, es ist nicht zu ändern, es bedeutet nichts.
Was ich weiß, was ich zu wissen glaube, kann in diesem Augenblick wahr sein, im nächsten aber falsch.

Ich glaube, ich weiß nichts, aber was weiß ich?
Vielleicht weiß ich auch alles.
Woher sollte ich das wissen...

Optimistische Philanthropie, aber...

Mensch, Kind. Genieß doch deine Jugend!
Das sind die Jahre deines Lebens.
Also ich kann wirklich nicht verstehen, was
eure Generation immer von Problemen faselt.
Wir früher, wir hatten Krieg, wir hatten Prob-
leme, aber ihr...
Seid doch einfach mal dankbar!
Die Jugend von heute... so verwöhnt, so emp-
findlich, so verweichlicht.
Probleme... ach als ob die etwas wüssten von
Problemen. Lebt Kinder, lebt doch endlich, es
gibt doch nichts, was euch besorgt.

Ja, ja...schon verstanden. Optimistische Phi-
lanthropie und wir liegen meckernd auf einer
sonnenbeschienen Blumenwiese, anstatt auf
ihr herumzutoben und unseres Lebens froh zu
sein. Eine Welt voll von Möglichkeiten, die wir
nicht nutzen, wir arrogante pessimistische Ju-
gend. Meine Welt von Möglichkeiten, die wir
nicht nutzen, weil wir sie nicht nutzen können,
denn die Sonne scheint. Die Sonne scheint
blutrot.

Ich verstehe schon; optimistische Philanthropie, aber in Kongo geschehen Genozide.

Ja, ja, ich soll mich meiner sorglosen Jugend erfreuen, optimistische Philanthropie, aber die Ukraine wird bombardiert.

Sicher, dankbar dafür, dass es doch heutzutage allen gut geht, optimistische Philanthropie, aber die Kinder im Jemen verhungern.

Natürlich lebt mittlerweile alle Welt in Frieden, optimistische Philanthropie, aber in Gaza werden Menschen erschossen.

Eine glückliche Kindheit, optimistische Philanthropie, aber in Palästina werden Kinder zu Soldaten.

Stimmt, ist doch genug da von allem für alle, total gerecht mittlerweile, optimistische Philanthropie, aber in Israel haben die Leute nichts mehr zu essen.

Es geht doch allen gut, denn die Sonne scheint,

doch die Sonne scheint blutrot, denn die Welt
liegt in Schutt und Asche.

Krieg, Klimakriese, Schulsysteme kurz vor dem
Absturz, Meschen ohne Menschlichkeit und
Menschen die sechzehn Stunden am Tag arbei-
ten, aber sich doch kein Brot leisten können.
Reiche die noch reicher werden. Ein roter Tep-
pich für die Hungerspiele, ein Planet, aber zwei
Welten.

Eine Blumenwiese voller Sonnenschein, doch
die Sonne scheint blutrot, denn die Welt liegt
in Schutt und Asche, wegen einer Gesellschaft,
die keine ist, einer Gesellschaft im Zwist.
Rassismus, Klassismus, Sexismus, Krieg und
Gewalt; Wir haben doch wirklich schlimmere
Probleme, als einen Mann, der sich schminkt,
zwei Frauen, die sich lieben, oder ein Mensch,
der einfach nur eine Person ist.

Optimistische Philanthropie, ich bin eine
Freundin des positiven Denkens, optimistische
Philanthropie, aber positives Denken wäre hier
wenig philanthropisch.

Nun stehe ich hier in einer Welt, in der die Sonne in blutroten Strahlen vom Himmel tropft, über unsere in Schutt und Asche liegende Welt höhnisch grinst und ihre gewaltsamen Schatten auf uns wirft.

Ich stehe hier in dieser Welt und würde so gerne Gutes tun, aber ich weiß nicht einmal, wo ich anfangen soll. Alles, was ich tun kann wirkt so elendig klein.

Ich stehe hier in dieser Welt und würde so gerne Gutes tun, aber bin erschlagen von der schieren Last der Realität. Ich stehe hier in dieser Welt, und würde so gerne Gutes tun, aber es ist nahezu unmöglich bei jedem der Probleme unserer Welt auf dem neusten Stand zu bleiben.

Die Menge der Informationen, die an einem Tag auf einen einprasseln, benötigt drei Tage zum Verarbeiten.

Ich stehe in einer Welt, die durchtränkt ist von dem blutroten Licht der Sonne, die unsere Menschheit verpönt.

Ich stehe hier, schaue auf unsere Gesellschaft und kann es der Sonne nicht verübeln.

Wir hassen lieber, als zu lieben, wir hassen die Liebe, aber wir hassen auch den Hass und erst recht den Hass über die Liebe.

Selbsthilfegruppe Menschheit, juhu!

Wir sind ein Paradoxon,
unverständlich, unverständig, unvollständig.

Es ist mir unbegreiflich, wie wir so süchtig sind nach Drama, aber uns beschweren darüber, dass kaum etwas Positives in den Nachrichten zu hören ist.

Ich kann absolut nicht verstehen, warum wir uns lieber streiten, als uns miteinander zu vertragen.
Warum sind oberflächliche Dinge wie Hautfarbe, Religion, Sexualität, Geschlecht oder gesellschaftlicher Stand unser Maßstab um zwischen Menschen zu differenzieren?

Wir bestimmen Sympathie anhand oberflächlicher Charakteristika, aber was beschwere ich mich eigentlich? Die Sonne scheint doch über der Blumenwiese unserer Gesellschaft, auf der die größten Pflanzen Probleme sind aber die Grashalme an der Zahl überliegen.

Die Grashalme sind so viele, und warten sie auf den Wind um sich dann alle in die gleiche Richtung zu wiegen, dann schaffen sie es, die großen Pflanzen zu übertrumpfen.

Eines Tages wird die Sonne wieder gelb scheinen, anstatt blutrot, denn eines Tages werden wir so schlau sein alle zusammen zu arbeiten, das Allgemeinwohl zu sehen und nicht ausschließlich unser eigenes, wir werden uns die Hände reichen, anstatt alle an unterschiedlichen Fäden in entgegengesetzte Richtungen zu ziehen.

Dreht man zwei Zahnräder in einem Triebwerk gegeneinander so brechen die Zacken beider ab. Alles wäre fähig gewesen zu funktionieren, nur der Starrsinn ruiniert das System.

Ich liege hier, auf der Blumenwiese und starre in die Tropfen der Blutroten Sonne. Ich sehe mich um und mir fällt auf, dass alle um mich herum eine Sonnenbrille zu tragen scheinen.

Für sie wirkt die Sonne gelb.

Im Tunnelblick starren sie auf die gelbe Sonne ohne die Schatten der großen Pflanzen auch nur am Rande wahrzunehmen.

Ja, denke ich mir, bis die Sonne die gerade nur gelb zu scheinen scheint wieder gelb scheint, kann es wohl noch dauern. Ein Gedanke brodelt in mir auf und ehe ich ihn richtig zu fassen bekomme schreie ich lauthals „blutrot".

Die Menschen um mich herum starren mich an, aus ihrer Trance gerissen durch den Lärm. Sie nehmen ihre Sonnenbrillen ab um mich zu sehen. Sie nehmen ihre Sonnenbrillen ab und sind geblendet von dem blutroten Schein der Sonne. Manche bleiben aufrecht sitzen, neben mir und sehen nun auch die Schatten der grotesken Pflanzen, doch die meisten können den Anblick der blutroten Sonne nicht ertragen. Sie setzen sich ihre Sonnenbrillen wieder auf ihre Gesichter und starren weiter tranceartig im Tunnelblick in den Himmel.

Ja, denke ich. Irgendwann wird es für uns alle an der Zeit sein, unsere Sonnenbrillen abzusetzen und dann, erst dann, hat die Stunde der Veränderung geschlagen.

Die Blindheit, sehen zu können

In welcher Gesellschaft leben wir?

Das ist nun eine Frage, die man sich häufig stellt, wo fängt Gesellschaft an, wo hört Gesellschaft auf?

Leben wir in einer oder sind es viele? Viele zerbrochene Teile von dem, was einst eins war.

Aber war es das? War es eins? Sind wir eins? Oder sind wir viele? Viele Individuen, die anecken, wo sie nur können, nicht zusammenpassen wie Teile aus tausenden verschieden Puzzeln.

Wir sind unterschiedlich und reißen uns dafür gegenseitig in Fetzen auf der Jagd nach Macht, nach noch mehr Macht.

Macht ist unsere niemals auszusterben drohende Sucht, jeder will sie und nur die Stärksten können sie haben, aber dennoch verstehen wir nicht, dass es doch viel mehr gibt, was uns verbindet als trennt. Wir rennen so schnell auf dem Weg nach oben, dass wir die schöne Landschaft am Wegesrand kaum wahrnehmen.

Wir suchen nach den Schwächen der anderen, statt nach ihren Stärken, suchen nach Unterschieden statt nach Ähnlichkeiten, suchen nach Distanz statt Zusammenhalt. Aber eins haben wir nicht verstanden, denn eigentlich sind wir alle gleich, alle eine Gesellschaft, denn wir sind alle Menschen. Wir sind Menschen, die alle ihre individuelle Schönheit haben.

Es ist an der Zeit, Brücken zu schlagen und dabei aus den Augen zu lassen, wie wir aussehen, wo wir herkommen, wen wir lieben, an welchen Schöpfer wir glauben oder welches Geschlecht wir sind.

Es heißt so oft, wir müssen die Augen öffnen, um eine bessere Gesellschaft zu werden, aber wäre es nicht eigentlich besser, wenn wir die Augen schließen würden?
Würden wir nicht eigentlich mehr sehen, wenn wir blind wären?

Denn dann hätten wir gar nicht erst die Chance dazu, andere Menschen an Faktoren außerhalb ihrer Persönlichkeit beurteilen und verurteilen zu können. Wenn wir blind wären, wären wir uns meiner Meinung nach alle näher, denn nur wir würden zählen, wir als Menschen.

Ich würde sagen, momentan sind wir viele kleine Gesellschaften, viele kleine Inseln inmitten eines großen Meeres. Gleichgesinnte, die sich mit anderen Gleichgesinnten umgeben. Aber was Gleichgesinnte sind, ja da sind wir uns meistens auch nicht so ganz sicher, denn je Kontroverser unsere Meinung ist desto schwieriger finden wir es sie zu rechtfertigen, selbst wenn wir eigentlich gar nicht so falsch liegen, nur aus Angst, auf unsere eigene kleine Insel verbannt zu werden, weg von unserer Gesellschaft, weg von unseren doch so genannten Gleichgesinnten. Häufig neigen wir auch zur Doppelmoral, andere haben das gemacht, wie kann das sein? Aber ich doch auch? Ach, halb so schlimm die ganze Sache.

Wir sind zu wenig offen, was uns ja eigentlich nur selbst Abbruch tut, denn je weniger offen wir sind, je weniger wir andersgesinnte akzeptieren, desto mehr wunderbare Persönlichkeiten bleiben uns verborgen. Ich möchte nicht sagen, dass wir, um in einer guten Gesellschaft zu leben, alle beste Freunde sein müssen, eher im Gegenteil, durch Diskussion dreht sich unsere Welt, aber am Ende des Tages muss einem klar sein, dass wir nur zu einer Gesellschaft werden können, wenn wir auch in der Lage sind, damit zu leben, dass andere Menschen andere Meinungen haben.

Und damit meine ich Meinungen, nicht Anderungen und nicht den selbst erteilten Privileg, das Leben anderer einzuschränken.

Eine Meinung ist, was einen betrifft. Eine Meinung ist zu sagen, was man möchte, für sich selbst, was man nicht möchte für sich selbst oder was man sich auf gar keinen Fall vorstellen kann, für sich selbst.

Einer Anderung ist, zu akzeptieren, was andere möchten oder nicht möchten für einen selbst.

Und ein selbst erteiltes Privileg, das Leben anderer einzuschränken ist, zu sagen was man nicht möchte was andere tun.

Genau aus diesem Grund sind Dinge wie Rassismus, Klassismus, Sexismus, Diskriminierung, Homophobie oder kurz kognitive Inkompetenz nicht das, was ich meine, wenn ich sage, dass wir die Meinungen aller nicht nur akzeptieren sollten sondern müssen, um in *einer* Gesellschaft zu leben.

Butterfly-Effekt

Alles, was wir sagen und tun ist von Bedeutung!

Ungeachtet dessen, wie lapidar es uns auch erscheinen mag, unsere Worte und Taten können Menschen zum Guten oder Schlechten beeinflussen.
Wir wissen nie, was in anderen Menschen vorgeht, kennen nicht ihre Perspektive oder Geschichte, und trotzdem maßen wir uns an zu urteilen.

Wir bilden uns eine Meinung zu einer Szenerie, von der wir nicht alles sehen, weil die Hälfte des Vorhangs zugezogen ist.

Viele Menschen würden sagen, wir Töten andere, ohne dabei eine Waffe in die Hand zu nehmen, doch ich würde diesen Irrtum gerne berichtigen, wir töten nicht ohne Waffe, sondern sogar mit der mächtigsten Waffe, welche die Menschheit zu eigen hat- wir unterschätzen sie, wissen sie nicht zu nutzen, dennoch ist sie unsere größte Macht, die Macht der Sprache.

Eine unermessliche Macht aus der eine noch weitaus größere Verantwortung folgt.

Doch diese Verantwortung wird von den meisten Personen nicht übernommen, nicht aus fehlender Umsichtigkeit, sondern aus Unwissenheit.

Oftmals verpassen wir, uns selbst vor Augen zu führen, dass ein Satz, ja, sogar ein einzelnes Wort einen grotoskeren Schaden hervorrufen kann als ein Zündknopf eines Atomsprengsatzes.

Sprache ist der Spielplatz der Reichen

Wer reich ist,
dem sei gegeben ein Gehirn,
Wer sich reich schimpft, da er in Geld badet,
der hat das Leben nicht verstanden.

Reich ist der, der schätzt, was er hat, ohne sich
darauf auszuruhen.
Reich ist wer die Macht der Sprache nicht zu
unterschätzen vermag, sondern sich darüber im
Bewusstsein ist, dass Sprache ein Spielplatz ist,
für den der Reich ist.

Sprache gibt uns Macht, und wir geben Sprache Macht.

Wer reich ist, dem sei gegeben arme Menschen
und Menschen mit weniger nicht zu verurteilen, wer reich ist mag im Gegenteil überhaupt
nicht urteilen, denn dies führe zur sofortigen
Homogenisierung in den zähen Brei der
Menschheit und der Privileg des Herausstechens sei nun mit Verlaub nicht mehr der eigene.

Wer reich ist, sieht das anders sein nicht als Bürde sondern als Möglichkeit, nicht dafür an mehr Macht zu gelangen, sondern um die Welt jeden Tag ein Stück zu verbessern.

Denn wenn wir unsere Augen ein kleines Stückchen weiter öffnen, sehen wir in deutlichen Umrissen, dass wenn alle Macht haben, wir alle mehr Macht haben.

Substanz

Je mehr wir herausfinden, desto eher merken wir, wie wenig wir wissen.

Durch eine gefundene Antwort stellen sich fünf neue Fragen, wenn das genügend sind.

Wenn wir als Menschen also möglichst viel wissen wollen, um Klarheit zu schaffen kann man sich die Frage stellen, ob es gut ist für uns, zu versuchen, alles zu wissen, oder ob wir durch den scheiternden Versuch der Wegesfindung merken, dass wir eigentlich lange über unser Ziel hinausgeschossen sind, und den Weg umsonst weiter geebnet haben, ohne Ziel.
Ein Stochern im Dunkeln auf der Suche nach der Nadel im Heuhaufen, ohne zu merken, dass diese auf einem roten Samtkissen bereits daneben platziert wurde.

Wissen ist, das steht außer Frage, hilfreich für den Menschen, dennoch stellt sich die Frage, wie viel davon ist gut für uns? Menschen haben die durchaus befremdliche Eigenart, alles in

Dosen einzuteilen; Wie viele Tabletten auf welchen Körper, wie viel Kontakt, bis es als unhöflich gilt, wie viel Milliliter Milch, damit der Kuchen gut wird.

Wir Menschen kategorisieren, katalogisieren und dosieren einfach alles, alles, außer unserem Wissen.

Denn davon kann man ja bekanntlich nie genug haben, ich meine das ist doch klar, denn warum sonst, setzten wir die Gesundheit von Kindern durch ein völlig überladenes Schulsystem aufs Spiel, warum sonst reguliert wissen, wie viel Geld wir verdienen, und somit, wie unser Leben verläuft.

Warum fangen wir nicht an damit, uns zu fragen, ob wissen von Wissen wirklich so gut ist, wenn wir betrachten, dass die gebildetsten und intellektuellsten von uns die sind, die auch die meisten Angstzustände haben.
Wir sehen Wissen als Fortschritt und als etwas Gutes, und das möchte ich ihm auch nicht absprechen, dennoch denke ich sollten wir

versuchen, eine Antwort auf die Frage zu finden, wie viel Wissen ist gut für den Menschen?

Gedachte, unbedachte Gedanken

Man sagte uns, wir sollen denken.
Wir dachten. So dachten wir zumindest. Bis
wir herausfanden, dass unser Denken beein-
trächtigt war.

Wir dachten nach über das Denken, und wir
dachten nach darüber, was sich wohl die Leute
denken, die so offensichtlich nicht denken.
Wir dachten, ob Denken nun ein Kompromiss
sei oder ein essenzieller Prozess des Gehirnes.

Wir dachten, wir sollten einmal versuchen
nicht zu denken, doch das scheiterte, denn wir
dachten darüber nach, wie es sich wohl anfühle
nicht zu denken, und das waren dann doch
wieder gedachte Gedanken. Also beschlossen
wir, dass man nicht, nicht denken konnte,
doch dann sahen wir auf die Welt, auf unsere
Welt.

Wir dachten, wie denn so etwas nur passieren
könne, wenn man doch denken müsse, denn
die Welt sah aus wie ein Gewirr aus

Strukturen, die definitiv nicht durch Denken entstanden sein konnten.

Wir dachten nach. Wir dachten, dass Denken ein Konzept sei, das nicht unterbrechbar sein könne, allerdings nicht jedem auf die gleiche Weise lag.

Wir dachten, dass manche Leute nur so weit denken, dass es schlau sei Führungspersonen zu kopieren, und wir dachten, man solle sich die Frage stellen, ob man dieses Denken als Denken deklarieren kann. Wir dachten, dass es vielleicht ein Denken gibt, was einfacher ist, für die Leute, die dem Denken über das Denken nicht gewachsen sind. Eine Art Subdenken.

Wir dachten, wenn es dieses Subdenken gäbe, wie wäre das dann wohl, einfach zu tun, was ein denkender Denker sagt, und wir versuchten zu denken das wir aufhören wollten mit Denken.

Wir versuchten unseren Horizont des Denkens auf den Zustand des Subdenkens einzugrenzen.

Wir dachten, es sei uns gelungen, doch dann fiel es uns auf.

Im Endeffekt hatten wir doch auch nur daran gedacht zu denken, weil sie uns sagten, wir sollen Denken, so dachten wir zumindest, dass das mit dem Denken war.

Dennoch dachten wir, dass wir denken, denn uns war aufgefallen, dass wir nur gedacht hatten, weil uns gesagt worden war wir sollen denken.

Wir dachten, ob wir uns die Frage stellen sollten, ob wir nun Denker waren oder nicht. Wir dachten, uns diese Frage zu stellen wäre eine gute Idee, um herauszufinden, ob wir nun denken.
Wir dachten, dass wir zwar nur dachten, weil jemand uns empfahl zu denken, dennoch dachten wir doch nach über das Denken, und dachten, ohne das Gedachte von anderen gehört zu haben.

Wir dachten wir seien auf einer guten Spur, bis

wir feststellten, dass wir nun alle so verwirrt waren von dem Denken über das Denken, dass denken und weiterdenken schier unmöglich schien.

Und dann dachten wir einen letzten Gedanken, der uns begreifen ließ, dass da ein Unterschied ist zwischen zusammen denken und denken lassen, und dass man selbst dachte, auch wenn man zusammen dachte.

Wir verstanden, dass wir, um das Denken zu verstehen, zusammen denken mussten, denn allein über das Denken zu denken, war unmöglich, denn es gab nicht nur das Denken und das Subdenken.

Wir verstanden, dass jeder dachte, dass alle das gleiche dachten und somit dachten, wie er selbst dachte. Wir verstanden, dass es wichtig war zusammen zu denken, um das Denken zu verstehen, denn allein konnte niemand richtig denken über das Denken.

Wir verstanden auch, dass es nicht nur ein

richtiges Denken gab, sondern dass der Grundsatz gelten musste, denken und denken lassen. Wir verstanden, dass gedachte Gedanken über das Denken nur dann richtig sein konnten, wenn sie niemand anderen in seinem Denken einschränken.

Wir verstanden, dass jedes Denken was alles Denken zuließ, gut war, solange man dachte und nicht das Denken anderen überließ, denn wer denkt, es sei eine durchdachte Idee das Denken anderen Denkern zu überlassen, sollte lieber noch einmal über das Denken nachdenken, anstatt das Gedachte anderer nachzudenken, denn das ist kein Denken.

Am Ende dachten wir das Denken verstanden zu haben. Uns wurde dennoch kurz darauf klar, dass dies nicht sein konnte, weil das Denken über das Denken ein endlos komplexer Kreislauf ist, und wir dachten, das sei auch vollkommen in Ordnung so, denn wenn man durch Denken immer direkt Klarheit gewinne, wäre es unnötig zu denken, denn der Denkprozess wäre endlich endlich.

Das würde das Denken einfacher machen, aber wir dachten richtig bei dem Gedanken, dass Denken nicht dazu da war, einfach zu sein.

Komplex

Unser lieber Verstand ist eine seltsame Sache. Er ist so kompliziert in seiner Struktur mit all seinen Gefühlen und Fakten und Verwirrungen, aber gleichzeitig ist er so leicht zu manipulieren. Es gibt Menschen, die wegen eines einfachen Wortes verrückt werden, die deswegen Verbrechen und Morde begehen, obwohl es nur ein Wort ist, keine reale Sache.

Unser Verstand ist ein Meister darin, Ereignisse mit Mustern zu verknüpfen, wobei er außer Acht lässt, dass die Verwechslung von Möglichkeit und Wahrscheinlichkeit eine gefährliche Sache ist, weil man dadurch leicht den Verstand verlieren kann. So kompliziert unser Gehirn auch sein mag, dass selbst die Wissenschaftler der Welt seine Funktionsweise nicht vollständig verstehen, so einfach ist es, dass unser Unterbewusstsein in der Lage ist, das, was unser Bewusstsein für real hält, zu einer Tatsache zu erheben und zu verdrehen.

Beneidenswerter Fluch

Schöne Steine

Sie schwamm im Meer der Diamanten, aber
trotzdem ertrank sie.

Sie hatte alles, aber trotzdem ertrank sie.
Sie schwamm im Meer der Diamanten, aber
beim Versuch zu schwimmen, schnitt sie sich
an den scharfen Kanten der Steine die Haut
auf.

Sie schwamm im Meer der Diamanten, und
alle bewunderten sie, als sie den Glanz und das
Funkeln sahen, alle bewunderten sie, als sie das
Lächeln auf ihren Lippen sahen, aber sie sahen
nicht ihre Augen, ihre Augen, ihre vom
Schmerz verschlungene Iris.

Sie schwamm im Meer der Diamanten und alle
sahen, dass sie alles hatte.

Sie schwamm im Meer der Diamanten, und
alle waren neidisch auf sie, denn sie sahen
nicht, dass sich die Diamanten unter der

Oberfläche in Rubine verwandelten, die vom Blut ihrer Wunden gefärbt waren.

Gefangen zwischen zwei Welten

Ich bin ein Mensch.

Ich bin ein Mensch mit einem Körper und einer Seele.

Ich stecke fest zwischen zwei Welten.
Mein Körper, er hält mich in der Realität, in der Realität des Lebens um mich herum, in der Realität, in der sich Zeit in Jahren misst, die ich auf dieser Welt verbrachte.

Jedoch rebelliert meine Seele betäubend laut.

Ich bin ein Mensch mit einem Körper und einer Seele. Ich bin ein Mensch, dessen Körper erst in die Realität des Seins seiner Seele hineinwachsen muss.

Ich weiß, wer ich bin, ich wusste es bereits, bevor man es mir sagte.

Bevor man es mir sagte stand es mir fast noch deutlicher vor Augen, als ab dem Zeitpunkt, ab

dem man versuchte mich, meine Person, auf
wissenschaftliche Einheiten runter zu brechen.

Ich bin ein Genie habe sie gesagt, die, mit ihren
Klemmbrettern und den weißen Kitteln, aber
das finde ich arrogant.

Meine Person so einzufalten, zusammen zu kni-
cken, kleinzustampfen auf ein Wort, Genie,
das ich nicht Lache.

Ich bin ein Mensch!

Ich bin ein Mensch, den diese wissenschaftliche
Erkenntnis menschlich kein Stück weiter-
bringt.

In einer Welt in der nur Zahlen zählen, in un-
serer Welt in der Leistungsdruck und der
Zwang sich zu vergleichen vorherrschen, dort
hilft es mir, ja... aber bei dem was zählt?

Ich habe mir seit jeher Freunde in meinem Al-
ter gesucht, in beiden meiner Alter.
Ich bin ein Mensch der glücklich ist, weil er

sich in so vielen Personengruppen anpassen und zu Hause fühlen kann.

Ich bin ein Mensch, keine Zahl und auch kein Wort. Ich bin ich, und ich bin wertvoll, und manchmal vergesse ich das.

Die Kunst, zwischen den Zeilen zu lesen

Gestohlener Reichtum

Ich höre ihm beim Reden zu.

Er redet und redet und hört nicht auf. Er macht weiter, er macht weiter, er macht nicht einmal eine Atempause.

Er jammert ständig über seinen gestohlenen Reichtum. Er war einmal reich, aber dann hat er sein ganzes Geld bei dieser dummen Wette verloren.

Von diesem Tag an ging er immer wieder in diese Bar, in meine Bar.

Jeden Tag bestellt er einen Negroni und jammert darüber, wie schrecklich sein Leben ist, jetzt, wo er alles verloren hat.
Jeden Tag serviere ich ihm einen Negroni und höre mir sein Gejammer an.

Er spricht von seiner Frau und seinen Kindern und wie sehr sie ihn lieben, und er jammert darüber, wie schrecklich sein Leben ist, weil er

alles verloren hat, jeden Penny von ihm.
Jeden Tag, wenn ich ihm einen Negroni ser-
viere, sehe ich, wie Nachrichten und verpasste
Anrufe auf seinem Telefon auftauchen.

Auf einer steht: „Schatz, ich freue mich schon
darauf, dass du später nach Hause kommst!",
auf einer anderen: „Gute Nacht, Papa, ich liebe
dich!"

Er sieht sich diese Nachrichten an und manch-
mal antwortet er.

Nachdem er sein Handy weggelegt hat, jam-
mert er weiter darüber, dass er nichts mehr
hat.

Sein ganzes Geld ist weg.
Er jammert darüber, dass die Bank all seine
wichtigsten Habseligkeiten, alles, was ihm etwas
wert ist, mitgenommen hat, während im Hin-
tergrund sein Hochzeitslied läuft.
Ich mache meinen Job, serviere ihm einen Neg-
roni und höre mir sein Gejammer an.
Ich sage ihm, dass er mir leidtut, und er schreit

mich an, dass ich nie verstehen könnte, was er jeden Tag durchmachen muss. Sein ganzer Reichtum wurde ihm gestohlen.

Ich nicke ihm zu und sage ihm, dass er Recht hat, dass ich keine Ahnung habe, wie schrecklich sich das anfühlen muss.
Ich schaue auf die Uhr. Es ist Mitternacht, zwölf Uhr.

Meine Schicht ist vorbei, also mache ich Feierabend und gehe nach Hause.
Ich lege mich auf meine Matratze in meiner einsamen Einzimmerwohnung und denke:

Nein, ich habe wirklich keine Ahnung, wie sich gestohlener Reichtum anfühlen könnte.

Rosen haben Dornen

Einst waren Rosen die unschuldigsten Geschöpfe, voller Würde und Schönheit.

Die Menschen sahen ihre überragende Präsenz und versuchten, sie für sich selbst zu haben. Die Menschen töteten die Rose aus Egoismus und nahmen ihre Leichen mit nach Hause, in der Erwartung, dass sie für immer prächtig sein würden. Leichen verrotten, und nach einer Woche verlor die Rose ihre letzte Würde, als sie in den Müll geworfen wurde.

Einst waren Rosen die unschuldigsten Geschöpfe voller Würde und Schönheit, doch dann wurden sie angefasst und es wuchsen ihnen Dornen. Ihnen wuchsen Dornen, sodass jeder, der versuchte, sie zu verletzen, ihre blutrote Schönheit nur noch verstärken würde. Die Schönheit der Rose liegt in ihrer Unberührtheit, und so sind ihre Dornen im gleichen Farbton wie ihre Blütenblätter gefärbt, durchtränkt vom Blut der Menschen, die versucht haben, sie zu töten.

Ich weiß es nicht... (TW: Erwähnung von Suizid, Tod, Missbrauch)

Sie fragten: „Was ist eurer Meinung nach das traurigste Wort?"
„Kummer"
„Tod"
„Gelähmt sein vor Angst"
„Hass"
„Aber", antwortete ich.
„Warum ist das so?", fragten sie mich mit Verwirrung in ihren Augen.

Ich erinnerte mich an die Zeit, als sie mir sagten: „Du bist großartig und klug, aber du bist einfach nicht genug für mich."

Die Zeit, in der ich nur noch schreien wollte: „Aber ich bin doch nur ein Kind, lasst mich in Ruhe", kam mir in den Sinn.

Ich erinnerte mich an die Sekunde, in der sie mir sagten:
„Es waren nur Sekunden, die ihn getötet haben. Aber wir hätten ihn retten können, wenn

uns nicht so viele Leute im Weg gestanden hätten.“

„Es tut mir leid, aber vielleicht bist du ohne mich einfach besser dran“, waren die letzten Worte, die ich zu ihr sprach.

„Ich kann es aber einfach nicht mehr ertragen“, war das Letzte, was sie mir schrieben, bevor dey sprang.

Ich erinnerte mich daran, wie ich dachte: „Aber vielleicht bin ich einfach nur nicht genug“.

„Ich weiß es nicht“, antwortete ich.

Den Himmel färben (TW: Erwähnung von Suizid, Narben)

Wir sitzen auf einer Wiese und schauen in den Sonnenuntergang.

Du erzählst mir die Geschichte wie Engel jeden Abend den Himmel färben, mit Pinseln, mühevoll.

Ich muss lächeln, wie sehr ich die Zeit mit dir doch genieße, und doch weiß ich sie nicht so zu schätzen, wie ich es getan hätte, hätte ich geahnt...

Wir sitzen noch lange da, reden, und irgendwann erscheinen die Sterne über unseren Köpfen.

Wir schauen nach oben, genießen ihren Anblick.

Ich erzähle dir, dass jeder von ihnen ein geliebter Mensch ist, der uns aus dem Himmel zuwinkt.

Du lächelst mich an und sagst mir, dass du mir eines Tages am hellsten zuwinken wirst.
Ich verstehe nicht, was du mir eigentlich sagen willst mit diesen Worten. Ich begreife nicht, dass sie nicht nur süß dahin gesagte Floskeln, sondern eine ernsthafte Prophezeiung waren.

Es liegt mir fern, dass eines Tages nicht irgendwann in sechzig Jahren sein könnte, sondern bald, zu bald.
Wir reden, und reden, und du sagst mir, wie froh du bist mich zu haben.

Wir schlafen zusammen ein, auf einer Decke unter Sternen, und als ich am nächsten Morgen aufwache bist du weg, denn du bist nicht mehr da.

Ich erfahre es am Telefon, und als die leise Stimme deiner Mutter zitternd durch den Lautsprecher meines Handys dringt, breche ich zusammen.

An deiner Beerdigung umarme ich dich ein letztes Mal und ich fühle die Schnitte an

deinen Handgelenken; Wunden, die niemals
die Chance hatten zu Narben zu werden.

Ich sitze auf der Wiese, unserer Wiese und
schaue in den Sonnenuntergang.

Ich denke an dich und an deine Wunden. Du
bist ein Engel, warst nie etwas anderes.
Ein Engel auf Erden, der den Schmerz und das
Leid der Welt nicht ertragen konnte, weil seine
Seele, geschuldet seiner Natur zu rein, zu gut-
herzig, zu verletzlich war.

Der Sonnenuntergang ist so viel schöner, seit-
dem du nicht mehr bei mir bist, denn du malst
so viel besser als all die anderen Engel!

Als nun die Nacht hereinbricht und die Sterne
aufkommen, sehe ich einen besonders hell auf-
leuchten, und weiß, das bist du!

Ich sitze da und sehe dein Gesicht in den Ster-
nen lächeln. Ich merke, wie sich meine Augen
mit Tränen füllen, denn auch, wenn ich weiß,
dass es dir jetzt besser geht, dass du zu Hause

bist, dass du glücklich bist, mein Engel, doch schmerzt meine Seele, dass ich niemals wieder deine Stimme werde hören können, dass ich niemals wieder deine Umarmung werde fühlen können.

Für [...], Ich habe dich so unendlich lieb Kleiner, und ich hätte es mir niemals verziehen, könntest du diesen Text nicht mehr lesen.

Überleben und Tod (Graphische Darstellung von Suizid)

Sie sitzt da und niemand bemerkt sie so wirklich. Wenn Leute sie anschauen, sehen sie nur eine Frau, eine junge Frau mit einem Lächeln auf den Lippen, die sich immer bemüht freundlich zu allen zu sein. Was niemand bemerkt, sind die dunklen Kränze unter ihren Augen, denn sie lacht ja.
Was niemand sieht, ist der Rest Mascara in ihrem Augenwinkel, den sie vergessen hat wegzuwischen, als sie versuchte zu verstecken, dass sie weinte.

Nicht, dass sie das gemusst hätte, es interessierte sowieso niemanden, dennoch lag ihr viel daran, die Fassade aufrecht zu erhalten, bis hin zum bittersüßen Ende.
Sie hebt die Hand.
Ja?
Darf ich bitte die Toilette benutzen?
Aber sicher.
Sie steht auf und verlässt den Raum.

In der Hand ihre Tasche, einige wundern sich, niemand fragt nach.

Sie betritt den Waschraum, schließt die Tür hinter sich, aber abschließen braucht sie nicht, denn interessieren tut sich sowieso niemand für sie.

Sie will es heute tun.
Sie hält es nicht mehr aus.
Sie hat lange durchgehalten, so lange.

Damit sie nicht ihre Familie verletzt, und ihre Freunde, ihre Familie, die sie beleidigt und verachtet, und ihre Freunde, die sie hintergehen.

Sie nimmt ihr Handy heraus, öffnet ihren Tracker. Ein blaues Icon mit „Clean seit 461 Tagen" leuchtet auf.
Sie scrollt nach unten.
„Ihre Gründe" steht nun da.

Darunter ein bunter Haufen an Bildern und ein paar geschriebene Zeilen.
Sie schaut sich die Gründe einzeln an. Ihre

Freunde? Falsch. Löschen. Ihre Familie? Demü-
tigend. Löschen. Ihr Lieblingsessen? Irrelevant.
Löschen. So macht sie weiter und irgendwann
ist da nur noch ein Grund, sie.
Sie hat früher sich selbst eingefügt als wichtigs-
ten Grund, weil sie es sich selbst wert sein
sollte, gesund zu Leben. „Weil ich Leben
möchte und nicht nur überleben, und ich
möchte Lieben und am liebsten auch geliebt
werden" steht da auch.

Wie naiv sie damals gewesen war. Hatte wirk-
lich gedacht, dass sie jemals jemand lieben
würde, tat niemand, wusste sie jetzt, und sie
wusste auch, dass sie nicht lieben wollte, denn
zu lieben, ohne zurückgeliebt zu werden, war
noch schmerzhafter, als gar nicht zu lieben.
Bullshit. Löschen.

Nun Stand da nichts mehr unter „Ihre
Gründe". Ihre Augen füllten sich mit Tränen,
sie wusste schon die ganze Zeit, dass es eigent-
lich nichts mehr gab, was ihr an diesem Leben
wertvoll war, aber es so zu sehen, brach das
letzte winzige Stück Herz, was noch ganz

gewesen war nun auch auseinander.
Sie war nun in einem Stadium vollständiger
Zerrissenheit.

Sie stellte einen Stuhl unter die Türklinke, nur
um sich doch ganz sicher zu sein nicht gestört
zu werden.

Sie öffnet ihre Tasche, holt die Packung her-
aus. Sie schließt die Tasche und stellt sie in eine
Ecke.

Sie schaut in den Spiegel „Emo" hört sie in ih-
ren Ohren.
Pille eins.

„Geh dich doch ritzen"
„Du bist uns doch sowieso nicht wichtig"
Pille zwei.

„Kannst du nicht einmal normal sein"
Pille drei und vier.

Ihr wird heiß.
„Du bist eine einzige Enttäuschung"

Pille fünf.

Langsam fängt ihr an übel zu werden. Sie sieht doppelt. Sie hält sich am Waschbecken fest. Das kühle Porzellan an ihrer glühenden Haut hält sie in der Realität. Sie muss schneller machen.

Pille sechs.
Sein schauderhaft widerliches Lachen halt in ihren Ohren wieder.
Pille sieben und acht.

Sie verliert ihren halt. Ihre Beine geben nach und sie landet auf dem Boden in einer seltsam verdrehten, verkrüppelten Stellung.

Ihr Äußeres zeigt ihr Innenleben.

Noch einmal schlucken muss sie auf jeden Fall schaffen.

Ein zaghaftes Klopfen an der Türe.

Pille neun.

Das Klopfen wird lauter, wird zu einem Rütteln.

Pille zehn.

Sie hört eine Stimme schreien, meint verzerrt ihren Namen zu hören.

Pille elf.

Das letzte, was sie hört, ist wie die Tür auffliegt, und jemand schreit „Krankenw..."

Dann ist da schwarz. Schwarz, nichts als schwarz. Sie hat es geschafft. Sie ist tot.

Weiß. Ist sie im Himmel? Aber warum piepst es im Himmel?

Ein Stuhl in der Ecke und ein Bett, in dem sie sitzt, materialisieren sich.
Auf dem Stuhl ist etwas. Etwas, was nun auf sie zustürmt.
Dann sieht sie in diese wunderschönen, himmelblauen Augen, die sie so liebt, doch etwas

ist seltsam, denn heute ist die Haut um sie rot und aufgequollen.

Sie hat überlebt, und soeben ist doch ein winzig kleiner Stern inmitten ihrer Dunkelheit aufgetaucht.

Sie hat das Gefühl, dass sie vielleicht doch irgendwann in der Lage dazu sein wird, zu leben, und bis dahin entscheidet sie sich, zu überleben.

Arrogant

Sie ist glücklich, so verdammt glücklich. Sie
tanzt zur Musik, sie lacht, sie hat Spaß. Sie hat
sich so lange nicht mehr so gefühlt, so frei, so
unbefangen.

„Du bist so arrogant", sagt er, denn sie ist gut.
Sie hat einen Treffer gelandet, sie hat sich über
ihren Treffer gefreut. Nicht übermäßig, aber
ihr Lächeln war um eine Spur breiter gewor-
den.

Sie kennen sich, nicht sehr lange, aber davon
Fremde zu sein sind sie weit entfernt. Sie fühlt
einen Stich in der Magengrube. „Du hältst
mich wirklich für arrogant?", fragt sie in einem
Ton, der mitschwingen lässt, dass jetzt der rich-
tige Zeitpunkt sei, die Wahrheit zu sagen.

Sie weiß, dass er sie nicht für arrogant hält,
nein, eigentlich weiß sie es nicht, aber sie hofft
es.
„Ja, eigentlich schon", erwidert er, und sie
spürt, wie das Stechen in ihrem Bauch stärker

wird. Für sie gibt es nichts Schlimmeres als diese eine Beleidigung.

Sie hat schon alles gehört, weitaus schlimmeres, und immer war es ihr egal, aber dieses eine Wort löste in ihr Gefühle aus, die der Wucht eines immensen, zerbrechenden Staudammes nahekamen.

Diese eine Person, diese verdammte eine Person betitelte sie immer als arrogant, wenn sie sauer auf sie war, und es tat weh.

Arrogant tat weh.

Sie setzte sich.

Ihr Lächeln war verschwunden, doch keiner merkte es. Sie saß da, merkte, wie ihre verdammten Augen sich mit verdammten Tränen füllten, und wollte, dass ihre Augen trocken blieben, damit es niemand merkte, wie sehr „arrogant" sie getroffen hatte.
Sie war wieder am Zug. Sie dachte nur einen Gedanken, der in diesem Moment reichte, um

ihr gesamtes Gehirn auszufüllen. Nicht Treffen, Nicht Treffen, bloß nicht treffen!

Sie traf. Sie freute sich nicht. Sie war deprimiert. Sie war verletzt. Sie hatte nicht treffen wollen, hatte nicht arrogant sein wollen, aber immerhin hatte sie sich dieses Mal nicht gefreut. Vielleicht machte es das für ihn tolerierbar.

Er kam auf sie zu, sie kannten sich schon länger. Er hatte alles mitbekommen. Er fragte „Warum freust du dich nicht?" Sie schaute ihn an, sie schaute arrogant an, sie sagte „Ich sollte mich besser nicht zu viel freuen."

„Aber Freude hat doch nichts mit Arroganz zu tun!"

„Anscheinend schon"

Sie flüchtet. Auf die Toilette. Sie ist allein. Die Tränen füllen wieder ihre Augen. Als sie in den Spiegel über dem Waschbecken schaut, sieht sie nicht sich. Sie sieht Arroganz.

Sie bricht. Sie weiß, wie sie ist. Sie ist schlau. Sie ist gut in der Schule, aber eigentlich gibt sie sich immer Mühe das alles unter den Teppich zu kehren.

Sie weiß, dass es nicht die Dinge sind im Leben, auf die es ankommt. Wenn sie jemand fragen würde, was sie schätzt, dann wären das niemals diese Eigenschaften, auch diese Eigenschaften, aber nicht primär diese Eigenschaften.

Viel eher wäre es Empathie, Offenheit und die Fähigkeit, Leute nicht zu verurteilen.

Sie versucht diese Eigenschaften zu verkörpern und meist gelingt ihr das auch, nur ist es so, dass es den meisten schlicht weg egal ist, denn sie ist erfolgreich, und das sieht Mann nicht gerne.

Deshalb ist sie es ja gewöhnt beleidigt zu werden, aber arrogant, arrogant tut weh.
Sie geht zurück. Setzt sich hin, schweigt. Sie ist ein Wrack, sie muss sich zusammenreißen,

damit nicht das Wasser wie ein Tsunami aus ihren Augen läuft.

Sie macht, was sie immer macht, wenn sie sich beruhigen muss. Sie ruft sich ihre blauen Augen vor ihr Gesicht.

Ihre wunderschönen, meersblauen Augen, die meist denselben energetischen Funken haben wie ihre eigenen Augen.

Sie hört ihre beruhigend sanfte Stimme in ihren Ohren. Hört wie sie sagt: „Du musst dich fokussieren" und dabei auf ihre Augen weist.

„Du musst atmen, mit mir atmen. Tief ein, und tief wieder aus." Sie spürt ihren linken Handrücken, die Stelle, an der ihre Hand kurz auf ihrer verweilt war, ihr das Gefühl von Rastlosigkeit genommen und gegen das von Geborgenheit ausgetauscht hatte.

Worte, viele davon, mein Herz, meine Seele

Gleichbedeutende Antithesen

Man kann nicht in Gedichten zu jemandem sprechen, der nicht liest.

Man kann einen Stein nicht zwingen, nicht hart zu sein.

Man kann keine Gefühle an Stellen erzwingen, an denen es keine gibt.

Man kann nicht ständig Vertrauen in jemanden setzen, der einen immer wieder enttäuscht.

Man kannst nicht Gras mähen und erwarten, dass es am Ende nicht kürzer ist.

Man kann nicht eine Blume pflücken und erwarten, dass sie nicht verdurstet.

Man kann nicht ein Feuerzeug in die Hand nehmen, es neben Holz halten und erwarten, dass es nicht brennt.

Man kann nicht etwas tun und erwarten, dass
das Gegenteil eintritt.

Man kann nicht erwarten, dass etwas geschieht,
und gleichzeitig alle Anzeichen ignorieren.

Worte

Meine Worte sind meine Heimat.

Wenn ich schreibe, bin ich zu Hause.

Ich bin meine Worte, und meine Worte sind
ich. Mit ihnen drücke ich mich aus, durch sie
bin ich. Hätte ich keine Worte, hätte ich keine
Gedanken. Hätte ich keine Worte, wüsste ich
mich nicht zu artikulieren.

Worte geben mir die Möglichkeit nicht nur ich
zu sein, sondern auch Ich auszuleben.
Worte sind mein Zuhause, denn in die kann
ich mich flüchten, wenn meine Welt zusam-
menbricht und die Schornsteine auf den endlo-
sen Dächern der Stadt wieder anfangen auszu-
sehen wie Grabsteine auf einem Friedhof.

Generell denke ich, dass Friedhöfe die reichs-
ten Orte unseres Planeten sind, denn auf ihnen
liegen neben den Menschen auch so unglaub-
lich viele Worte begraben.
Worte, die nie ausgesprochen wurden,

Worte, die in die Welt hinausgeschrien wurden,
Worte, die besser gesagt worden wären,
Worte, über Gefühle,
Worte, über Liebe, Hass, Eifersucht, Sehnsucht, Leidenschaft und Freundschaft.
Worte, über Ideen,
Worte, die nur hätten ausgesprochen werden müssen, um den Lauf der Dinge vollkommen zu verändern, um die Welt aus ihren Angeln zu reißen und in eine andere Richtung drehen zu lassen.

Aber manchmal, manchmal lassen mich die Worte auch im Stich.

Wenn ich versuche, das Maß an Perfektion zu umschreiben, welches du, meine Geliebte verkörperst, scheitere ich jedes Mal bitterlich.

Jedes Wort scheint zu lapidar, zu gewöhnlich... Jedoch frage ich mich; Liegt dies an der Unvollkommenheit der Worte an sich oder an meinem Unkönnen sie an dieser Stelle einzusetzen?

Versuche ich wohl zu verzweifelt etwas mit Worten auszudrücken, das nur das Herz zu beschreiben vermag?

Haben Worte Grenzen?

Ich denke schon, denn selbst das wohlklingendste, perfekteste, wunderschönste, eloquenteste, nonchalanteste, welche die Welt je zu Ohren bekam, liegt in seiner Kraft zu beindrucken im Auge des Betrachtenden und ist damit nicht in der Lage, allumfassende Perfektion widerzuspiegeln.

Worte sind gut, um sich Klarheit zu verschaffen, Worte sind gut, um zu kommunizieren.

Aber Worte sind schlichtweg nicht in der Lage, etwas zu kommunizieren, was so individuell ist, dass es nicht kommuniziert werden kann. Gefühle.

Wir alle fühlen Gefühle auf unterschiedlichste Arten und Weisen. Unsere Emotionen sind nicht nur Situationsgegeben individuell,

sondern fühlen sich auch in sich für jeden
Menschen unterschiedlich an.

Gefühle in ihrer reinsten, tiefsten Form sind
wohl das, an dem selbst Worte scheitern.

Von mir für dich

Ein Brief von mir für dich, soll dir meine tiefsten Gefühle zeigen.

Mit einem Brief von mir für dich gebe ich dir meine Worte und mit ihnen ein Stück meines eigenen Herzens.

Mit einem Brief von mir für dich bekommst du ein Stück von mir für dich.

Ich bin meine Worte, meine Worte sind ich. Sie sind mein Medium mich auszudrücken, meine Person der Welt offen zu legen.

Meine Worte sind mein Herz und meine Worte sind meine Art Menschen mit meinem Herzen in den Arm zu nehmen.
Meine Worte sind besonders, das Besonderste an mir, an jedem.

Alle können wir sprechen, dennoch ist es auch unsere Sprache, die uns individuell macht. Wir alle sprechen anders, und während manche mit ihren Worten zerstören, schaffen es andere mit ihren Worten aufzubauen, neue Leben zu eröffnen und Frieden zu schaffen.

Meine Worte sind ein besonderer Teil von mir, nicht nur weil ich die Macht der Sprache verstand, sondern auch weil ich mit ihnen meine Liebe zu dir ausdrücken kann.

Schreiben ist für mich wie auszuatmen.

Es ist das Ausleeren der Seele und das Gefühl Kontrolle zu erlangen.

Es ist ein Stück selbst geschaffener Freiheit, es ist von mir für dich.

Was ich zurückließ

Was einst war

Sie lacht,
sie singt,
sie tanzt.

Alles ist großartig!

Sie ist der optimistischste Mensch,
die Freundlichste,
die am meisten Verletzte.

Sie weint,
sie bettelt,
sie schreit vor Schmerz.

Alles ist großartig!

Sie ist die optimistischste Person,
weil sie will, dass die Menschen das Gute sehen,
die freundlichste,
weil sie will, dass die Menschen ihren Wert er-
kennen,
die am meisten Verletzte,
weil niemand bemerkt, dass sie zerbricht.

Verdurstet

Diejenigen, denen es an Liebe mangelt, werden am kreativsten bei der Suche nach Liebe sein.

Wenn jemandem ständig Liebe verweigert wird, findet er die kreativsten Wege, sich geliebt zu fühlen.

Für den Durstigen sieht Essig wie Wasser aus.

Ein verirrtes Kind, dessen Seele von niemands Händen gehalten wird, hängt an demjenigen, der ihn auch nur ansieht.

Ein verirrtes Kind, dessen Herz von niemandem gehalten wird, findet denjenigen, der ihm am nächsten ist und verehrt Kupfer wie Gold.

Jemand, der nie Liebe oder Zuneigung erfahren hat, hängt viel zu schnell an den Menschen, die ihm auch nur das kleinste bisschen Zuwendung zeigen.

Ein Reh,
welches vor Durst stirbt,
sieht das Wasser,
das durch die Adern der Bäume fließt,
und tränkt sich, indem es die Blätter frisst,
während es nur ein paar Schritte weiter den
strömenden Fluss übersieht.

Liebe ich dich?

Liebe ich dich, oder die perfekte Illusion von dir, die mein Kopf für mich schuf?

In meinen Gedanken bist du immer so unendlich charmant, so unglaublich fürsorglich, so unfassbar perfekt.

Du bist alles, was ich mir jemals erträumt habe, weil eben auch du lediglich Bildnis meiner Fantasie bist.

Es ist das Du, welches ich sehen möchte, weil ich dich liebe, oder doch vielleicht nicht dich, sondern das, was meine Gedanken aus dir gemacht haben; den blumenbringenden Gentleman, den philosophierenden Charmeur.

Es ist das du, welches handelt, wie ich es mir so sehnlichst wünsche. Es ist das Du, aus dessen Aktivitäten man die gleichen tiefgehenden Gefühle lesen kann, wie die, die ich für dich in mir trage.

Anfangs fand ich dich attraktiv, nicht einmal dein Äußeres, sondern viel eher den Fakt, dass du mir die Art von Aufmerksamkeit schenktest, die ich mir wünschte, und weil ich jemanden brauchte, auf den ich meine hoffnungslos romantischen Delusionen anwenden konnte.

Ich brauchte ein Gesicht, für das Custom-build an Persönlichkeit, welches mein Kopf bereits sorgfältig für dich entworfen hatte.

Ich verliebte mich in dich, weil du fürsorglich, charmant und romantisch warst, und doch warst du eigentlich nur mein Kopf, und doch warst du eigentlich nur das, von dem ich wollte, dass du es bist.

In der Welt meiner Gedanken schriebst du mir Briefe und sahst mir voll Liebe in die Augen.

In der Realität schriebst du mir Textnachrichten, die nie über zwei Zeilen hinausgingen und in deinen Augen war nicht Liebe, sondern Lust zu erkennen, wenn du in die meinen, auf mich, auf meinen Körper sahst.

Ich liebte nicht dich, sondern meine Fantasie, die Person, die mein Kopf für mich schuf.
Ich erträumte mir jemanden, der mich in und auswendig kannte, aber in Wahrheit wusstest du nicht einmal um das Grün in meinen Augen.

Man kann es meist nicht erkennen, nur wenn ich in der Sonne stehe, oder man genau hinsieht, denn meine Augen sind dunkel. Jedoch, wie solltest du fähig sein, dies zu wissen, trafst du mich doch wenn nur nachts, und waren es doch nie meine Augen, die deines Blickes würdig genug waren.

In meiner Fantasie warst du Poet, in meiner Fantasie warst du Romantiker, jemand, der mir bei Kerzenschein seine Liebe gesteht, und bei einem Glas Rotwein mit mir zusammen den Kopf in den Sternen trägt.
Ich wollte geliebt werden, mehr wollte ich nicht, mehr wollte ich nie, und ich warf mich dir zu Füßen, in der Hoffnung du würdest es tun, in der Hoffnung du würdest mich lieben, täte ich nur das, was dir beliebt.

Ich wollte geliebt werden, mehr wollte ich nicht, aber so wie du das Gesicht für meine Wünsche warst, wurde ich zum Objekt deiner Fantasien.

Ich war so besessen von der Angst alleine zu sein, dass ich all das, was ich mir so von Herzen wünschte, auf einmal in dir zu sehen versuchte, zwanghaft auf dich projizierte.

Und du?

Du nutzest meine Naivität schamlos zu deinem Vergnügen.

Du machtest mir Hoffnungen, und spieltest mit meinem Herzen, unterstützt von dem Bild, was mein Kopf von dir hervorbrachte. Du nahmst mir Momente, die besonders hätten sein sollen.
Ich malte dich als perfekt, und du nutztest das, um dich an mir auszulassen. Du hast mich zu deinem eigenen Wohlbefinden benutzt, ohne Rücksicht auf Verluste.

Ich hatte keinerlei Erfahrung, wie hätte ich sie auch haben sollen, junges, dummes Ich. Vermutlich war ich älter als du, doch körperlich war ich dir so meilenweit unterlegen, du hattest Erfahrungswerte, die ich zu diesem Zeitpunkt keinstenfalls mein Eigen hätte nennen können.

Es war dir bewusst, es war dir egal.
Was du getan hast ist anmaßend, unsozial, in gewisser Weise übergriffig und somit unverzeihlich.

Du hast mir so unendlich viel Schmerz bereitet, und durch dich war ich so unglücklich.

Teilweise mag das an mir selbst gelegen haben, weil ich meine Delusionen eines perfekten Bildes auf dich fokussiert habe, dich als eine Person gesehen habe, die du nie warst.
Andererseits war es deine Schuld, denn du sahst wie unwissend ich war. Du sahst, dass ich nicht wirklich in der Lage war zu begreifen, dass ich in aller Wirklichkeit einzig und allein dein Mittel zum Zweck war. Du sahst, dass ich

einfach nur geliebt werden wollte, kanntest sogar meine Geschichte in den gröbsten Zügen und alles was du in mir sahst, war die Chance, mich auszunutzen.

Prisma der Fairness

Blitzlichter in meinen Augen,
noch heller als sonst,
denn Wasser bricht das Licht.

Die Tränen in meinen Augen,
ein Prisma der Fairness,
jetzt tut nicht nur meine Seele weh,
jetzt schmerzen auch meine Augen.

Die Monster unter meinem Bett und die Schatten in meiner Matratze

Ich habe Angst im Dunkeln.

Eigentlich ist es nicht das Dunkle, sondern die Nacht. Ich habe keine Angst davor, wenn die Sonne sich als Schatten zwischen die Berggipfel bettet.

Ich habe Angst vor den Monstern, die nur dann erscheinen, wenn es dunkel wird.
Ich habe Angst vor den Monstern, die unter meinem Bett hervorkrabbeln, wenn ich darin liege.

Ich habe Angst vor den Monstern, die ihren Weg aus meinem Kopf heraus in die Realität finden.

Ich habe Angst vor den Monster, die wenn es dunkel wird den Weg aus meinem Gehirn heraus in mein Bewusstsein finden, sobald ich meine Augen schließe.

Tagsüber habe ich alles unter Kontrolle, Tagsüber geht es mir gut, aber wenn die Nacht hereinbricht und meine Glieder vor Erschöpfung ächzen, dann habe ich Angst, denn dann kommen die Monster.

Es sind die Monster, derer Leichen ich gedachte, in dem Glauben sie anhaltend besiegt zu haben.

Es sind eigentlich keine Monster, keine bluttriefenden Gestalten mit mehreren Reihen an Reißzähnen und einer panzerähnlichen Haut, eigentlich sind es Schatten.

Kleine Schattenkreaturen, welche man aufgrund ihrer Unscheinbarkeit leicht unterschätzt. Es sind kleine Schattenkreaturen, aus deren Mäulern ein unheimliches Grollen dringt, welches die Macht hat, alles Gute ins Unterholz der Wirklichkeit zu verschrecken.

Es sind Schatten meiner Vergangenheit, welche sich schmerzhaft über mich legen.

Tagsüber habe ich meine Gedanken unter Kontrolle, Tagsüber habe ich mich unter Kontrolle, Tagsüber kann ich mich klaren Bewusstseins davon abschotten, was einst passierte, doch nachts...

In der Nacht tauchen die Monster auf, die Schatten, die mich heimsuchen, während ich auf der Matratze liege, auf der meine Erinnerungen lebendig werden. In diesem Bett wirkt alles so real und so wenig vergangen, denn hier haben sich die Monster in meiner Matratze eingenistet, ekelhafte kleine Viecher.
Tagsüber bin ich glücklich und optimistisch, tagsüber bin ich unter Menschen, bei denen ich mich wohlfühle und die mir ihre Liebe schenken.

Aber nachts... Nachts kommen die Monster hervor und sie lassen mich nicht schlafen. Nachts drehe und wende ich mich von der einen auf die andere Seite und finde doch keine Ruhe, denn die Stimmen meiner Monster, meiner Schatten sind zu grollend, zu angsteinflößend, zu nervenaufreibend.

Ständige Übernächtigung ist wohl der Preis, den man zahlt, wenn man es nicht schafft, zu schwach ist, seine Monster ständig und in jeder Sekunde im Zaum zu halten.

Tagsüber leben sie in ihrem Käfig aus Gold und rütteln an den Metallstäben. Das Geräusch ist nervig, aber aushaltbar.

Nachts, in der Nacht schaffen sie es jedes Mal, das Diamantschloss an ihrer Käfigtüre zu sprengen.

Dann bin ich ihnen ausgesetzt, hilflos, denn sie sind in der Überzahl.

Im Traum fange ich meine Monster wieder ein. Es ist blutig und angsteinflößend, teilweise auch verstörend, aber am nächsten Morgen ist alles wie immer. Alles scheint so, als sei nichts vorgefallen.

Es gibt keine Spuren meiner nächtlichen Kämpfe, denn die Blutlachen befinden sich in meiner Seele, direkt neben dem Käfig aus Gold, in dem nun meine Monster schlafen, und die Möglichkeit nutzen, sich für unseren nächsten Kampf auszuruhen... wie sehr ich sic doch darum beneide.

—

Eines Tages werden die Monster nichtmehr in einem Käfig aus Gold leben, sondern in einem aus Schrott. Das Schloss an ihrer Türe wird nicht mehr aus Diamanten, sondern aus Plastik sein, und von diesem Tag an, ab dieser Sekunde, werden sie nicht mehr in der Lage sein auszubrechen.

Danksagung

Vielen Dank, an alle, die mir zur Seite gestanden haben.

Ich bedanke mich für jedes aufbauende Wort, jede Umarmung, jede Fürsorge, die ich bekam.

Ich bedanke mich bei meinen langen und bei meinen kurzen Bekanntschaften.

Ich bedanke mich bei denen, die wissen, dass ich sie mag, und bei denen die das vielleicht nicht tun.

Ich bedanke mich ganz besonders bei den Leuten, die eng am Entstehungsprozess dieses Buches beteiligt waren.

Vielen Dank an meine wundervolle Lektorin Isabell, die auch das Schlimmste zum Guten wenden kann, und die es mit ihrer Art immer schafft, die Sonne in meinem Kopf scheinen zu lassen, Vielen Dank an Julia und Lena, die nahezu jede meiner Gruppennachrichten kommentiert haben, Vielen Dank an Juliette, die zwar selten etwas sagt, aber immer den Moment abpasst, in dem ich ihre Worte brauche, Vielen Dank an Alicia, der Ich den ein oder anderen Titel meiner Werke verdanke und die mich mit ihrer direkten Art Dinge zu kommentieren immer zum Lachen bringt, Vielen Dank an Theresa, die immer mit mir mitfiebert, Vielen Dank an euch alle, weil ihr immer für mich da seid, und mir (meistens) nicht das Gefühl gebt, euch eine Bürde zu sein.

Auch bedanken möchte ich mich bei L, die zwar nicht die Hauptperson dieses Werks ist, aber es trotzdem schafft, mich zum Weitermachen zu motivieren, auch wenn ich eigentlich keine Lust habe. Das Beste ist, liebe L, du hast keine Ahnung, wer du bist, dass du L bist, und keine Ahnung, dass du mich motivierst. Dramatic Irony...

Bedanken möchte ich mich auch bei einer Person, deren Namen ich aus persönlichen Gründen nicht erwähnen kann, die es aber definitiv verdient, in dieser Liste aufzutauchen. Vielen Dank an diese Person, deren Perspektiven meinen häufig ähneln, und die mich inspiriert hat die Texte „Denken", „Gefangen zwischen zwei Welten" und „Sprache ist ein Spielplatz der Reichen", sowie einen Teil von

„Butterfly-Effekt" und das gesamte Kapitel"
Worte, viele davon, mein Herz, meine Seele"
zu schreiben.

Es bleibt mir noch, meinen wundervollen Le-
ser*innen zu danken, und besonders den Men-
schen, die mein Werk verbreiten, in dem sie es
weiterempfehlen, oder ein Bild davon in den
sozialen Medien teilen.

Mein letzter Dank gilt dem Café, in das ich
mich zurückziehe, wenn ich gerne ungestört
schreiben möchte.
Mittlerweile habe ich dort nicht nur ein
Stammgetränk (Vanilla-Chai-Latte mit Zimt)
sondern auch einen Stammplatz.
Viel Dank an euch, Othello.
(@othello_kaffeebar)

Lilli J Wettke ist 2007 in Trier geboren und
geht zur Zeit auf ein Gymnasium.
Neben ihrem Job als Karatelehrerin interessiert
sie sich für Philosophie, Psychologie, Poesie
und Physik.
In ihrer Freizeit ist Lilli gerne kreativ und wid-
met sich neben dem Lesen und dem Schreiben
auch der Kunst sowie der Politik.
Auf Instagram kann man sie unter @lilli.wettke
und @written.by.lilli finden.

Lilli J Wettke
Drenched- Love letters I wish I could send you

Daher sitze ich nun hier und schreibe all diese
von meiner Liebe durchtränkten Wörter nie-
der, die ich so viel lieber in die Welt hinaus-
schreien würde, dir viel lieber in dein wunder-
schönes Gesicht sagen würde, jetzt, hier, in
diesem wunderbaren kleinen Moment Ewig-
keit.